Banking & Finance aktuell

Thomas Padberg

Analyse der Jahresabschlüsse von Genossenschaftsbanken und Sparkassen

Bankakademie
Verlag GmbH

Banking & Finance aktuell – Band 23

Bibliografische Information Der Deutschen Bibliothek
Die Deutsche Bibliothek verzeichnet diese Publikation in der
Deutschen Nationalbibliografie; detaillierte bibliografische Daten
sind im Internet über http://dnb.ddb.de abrufbar.

Bibliographic information published by Die Deutsche Bibliothek
Die Deutsche Bibliothek lists this publication in the Deutsche
Nationalbibliografie; detailed bibliographic data are available
in the Internet at http://dnb.ddb.de

ISBN 3-937519-28-9

Besuchen Sie uns im Internet:
http://www.verlag.bankakademie.de

1. Auflage 2005
©Bankakademie-Verlag GmbH, Sonnemannstraße 9-11, 60314 Frankfurt am Main

Printed in Germany

ISBN 3-937519-25-4

Erstmalig werden mit diesem Buch die Grundlagen für eine systematische bankspezifische externe Jahresabschlussanalyse, kurz Bankbilanzanalyse, gelegt. Basis
der Analyse sind die HGB, weil diese für die in Deutschland immer noch führenden Genossenschaftsbanken und Sparkassen maßgebend sind.

Eine externe Bilanzanalyse für Banken unterscheidet sich in weiten Teilen von der
eines Industrieunternehmens. Diese Unterschiedlichkeit erfordert vom Leser etwas umfangreichere bankbetriebliche Kenntnisse und zusätzlich Kenntnisse der
handelsrechtlichen Rechnungslegung. Das Buch richtet sich an alle, die einen detaillierten Einblick in den Jahresabschluss einer Bank erhalten möchten. Angesprochen werden daher Führungskräfte im Bankensektor, Analysten, Bankberater,
Wirtschaftsprüfer und Wissenschaftsvertreter, aber auch Studierende höherer Se-
mester mit entsprechenden Vorkenntnissen.

Das Buch versucht zugleich theoretisch fundierte Kenntnisse zu vermitteln und
anwendungsorientiert zu sein. Deshalb werden die Ausführungen durch einen
konkreten Vergleich der 2003er Jahresabschlüsse der deutschen Genossenschaftsbanken und Sparkassen untermauert. Die dazu generierten Daten basieren auf einer Vollerhebung der Jahresabschlüsse. Zugunsten der Lesbarkeit wurde auf detaillierte Gesetzesverweise verzichtet. Aus dem gleichen Grund finden sich keine
Verweise auf Textstellen in den Jahresabschlüssen.

Wie jedes Buch ist auch dieses verbesserungsfähig. Sie erreichen den Autor unter
der E-Mail-Adresse tpadberg@trapeza.de. Zukünftige Leser werden es Ihnen dan-
ken.

Inhaltsverzeichnis

1 Einleitung

1.1 Genossenschaftsbanken und Sparkassen im Umfeld der sich veränderten Bankenlandschaft

Mit Basel II und dem Wegfall der Gewährträgerhaftung speziell im Sparkassenbereich haben verschiedene Entwicklungen den Umbau der deutschen Bankenlandschaft forciert. Während die Großbanken „mit sich selbst beschäftigt" sind und ihr Heil in Personalabbau und Filialschließungen sehen, vollzieht sich im Bereich der Genossenschaftsbanken und Sparkassen ein großer Umbau, der zu zahlreichen Fusionen und Strukturänderungen geführt hat.

Bei beiden Institutsgruppen ist die Zahl der selbständigen Institute drastisch zurückgegangen. Während 1995 noch 621 selbständige Sparkassen existierten, liegt die Zahl heute deutlich unter 500. Gleichzeitig sank die Zahl der Genossenschaftsbanken seit 1994 deutlich von 3.676 auf 1.338.[1] Diese „Fusionitis" hat unterschiedliche Gründe. Einerseits wurden im Sparkassensektor zunächst viele Fusionen gerade in den neuen Bundesländern durchgeführt, um im Zuge der Kreisreformen auch einheitliche Sparkassen entstehen zu lassen. Erst im Anschluss daran wurden Fusionen zur Schaffung größerer Einheiten genutzt, um durch Ausnutzung von Skaleneffekten Kosten zu sparen. So sank die Zahl der Vollzeitbeschäftigten in den Sparkassen von 1997 bis 2003 von 206.000 auf 174.000.[2] Der Trend zu einer Ertragsfokussierung ist dabei immer mehr spürbar. Mittlerweile verlangen auch die Sparkassen eine minimale Verzinsung auf das Eigenkapital von 15% vor Steuern.

Die weitere Entwicklung in beiden Bankengruppen ist unklar. Während in anderen europäischen Ländern das Bankensystem aufgebrochen wurde, existieren in Deutschland weiterhin drei Gruppen (Privatbanken, Sparkassen, Genossenschaftsbanken) parallel, ohne dass die Barrieren zwischen diesen Gruppen aufgebrochen werden können. Ob dies dauerhaft mit europäischem Recht vereinbar sein wird, kann bezweifelt werden. Fraglich ist nur, wie die Konsolidierung der deutschen Bankenlandschaft aussehen wird. Mit der Hamburger Sparkasse hat sich die größte deutsche Sparkasse zu einer Aktiengesellschaft gewandelt, die sich an umliegenden Sparkassen beteiligt und damit eine Konzernbildung vorantreibt (ohne dies offiziell anzustreben). Die Landesbanken in Baden-Württemberg und Hessen-Thüringen ha-

---

[1] Quelle: Handelsblatt vom 24.02.2005, S. 21.
[2] Die Datenbasis umfasst in 1997 einige kleinere Banken mit ein, die 2002 nicht enthalten sind. Dies verfälscht das Ergebnis aber nur leicht.

ben bereits mit Sparkassen fusioniert (Baden-Württemberg und Landesgirokasse) bzw. beabsichtigen das Zusammengehen mit einer Sparkasse (Hessen-Thüringen und Frankfurter Sparkasse). Ob sich die Eigentümer der Sparkassen – die Kommunen –[3] aufgrund der Finanzkrise dauerhaft gegen einen Verkauf entscheiden werden, kann bezweifelt werden. Die in diesem Fall angestrebte Übernahme von Sparkassen durch die Privatbanken erscheint aber ebenfalls eher unwahrscheinlich. Die Frankfurter Sparkasse – immerhin ein Sanierungsfall – wird von der Deutschen Bank mit 1 Mrd. € bewertet, was etwa dem Doppelten des bilanziellen Eigenkapitals entspricht. Überträgt man diese Bewertung auf die gesamte Sparkassengruppe, so liegt der Marktwert bei rund 100 Mrd. €.[4] Diesen Wert bringen zurzeit nicht alle drei börsennotierten Privatbanken zusammen auf die Waage. Es erscheint damit eher als möglich, dass die Konsolidierung den umgekehrten Weg nimmt. So wie die Landesbank Baden-Württemberg die ehemals private Baden-Württembergische Bank (BW-Bank) übernommen hat, könnte beispielsweise die Hamburger Sparkasse AG nach erfolgreicher Übernahme der umliegenden Sparkassen in Niedersachsen und Schleswig-Holstein auf Augenhöhe eine Commerzbank schlucken.[5] Dies erscheint heute aufgrund der Zersplitterung der Sparkassenlandschaft zwar als utopisch, allerdings sind etwa die italienischen Banken genau einen solchen Weg gegangen. Wohin die „Reise" für die deutschen Genossenschaftsbanken und Sparkassen führen wird, bleibt abzuwarten. Entscheidend wird aber sein, ob diese Bankengruppen Treiber oder Getriebene sein werden.

Da die bisherige Entwicklung in Hamburg und Sachsen Ausgangspunkt für die Konsolidierung sein könnten, werden diese Fälle nachstehend genauer dargelegt.

1.2   Der Umbau der Sparkassenlandschaft

1.2.1   Der Umbau der Hamburger Sparkasse: Umwandlung in eine AG und Beteiligung an umliegenden Sparkassen

Die Hamburger Sparkasse AG entstand durch die Ausgliederung des Bankgeschäftes der alten Hamburger Sparkasse, die daraufhin in Haspa Finanzholding umbenannt wurde. Die Haspa Finanzholding ist neben der Ham-

---

[3] Es wird hier davon ausgegangen, dass die Kommunen qua Ausschüttungsverzicht und Risikoübernahme Eigentümer sind.

[4] Dies ist nur eine sehr grobe Schätzung, die im Einzelnen durch Unternehmensbewertungen unterlegt werden müsste.

[5] Auf Augenhöhe, weil das Eigenkapital dann etwa gleich hoch wäre.

burger Sparkasse AG als operativer Banktochter an zahlreichen weiteren Gesellschaften beteiligt, was Abbildung 1 zeigt.

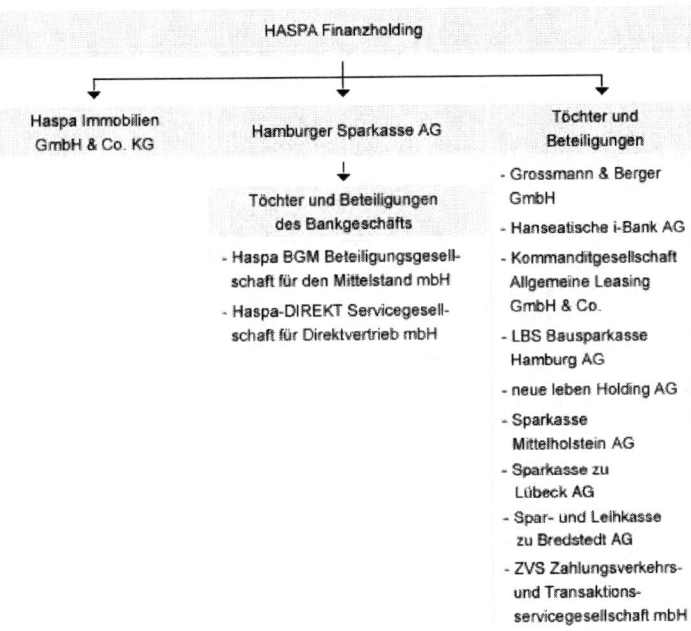

Abbildung 1: Organigramm (Auszug) der Haspa Finanzholding (Quelle: www.haspa-finanzholding.de)

Von externem Interesse ist insbesondere die Beteiligung der Haspa Finanzholding an anderen Sparkassen. Ausdrücklich wird die Erweiterung dieser Beteiligungen geplant, aber nicht die operative Übernahme der Sparkassen. In der Diskussion ist etwa der Zusammenschluss des Retailgeschäftes der Hamburger mit der Bremer Sparkasse („Norddeutsche Retailholding"). Die bisherigen drei Beteiligungen haben jeweils ein unterschiedliches Gewicht. Während die Beteiligung an der Sparkasse Mittelholstein AG 14% erreicht, besitzt die Haspa Finanzholding an der Sparkasse zu Lübeck AG 26% und an der Spar- und Leihkasse Bredstedt 25,1% (Quelle: Hamburger Abendblatt vom 29.12.2004).

Nur für die Sparkasse Mittelholstein AG ist der Kaufpreis aus den Jahresabschlüssen bekannt. Danach hat die Sparkasse Mittelholstein AG in 2003
durch eine Kapitalerhöhung 646 T€ gezeichnes Kapital und 4.634 T€ Kapitalrücklage zugeführt bekommen. Wenn man neue Mitarbeiteraktien außer
Acht lässt (in 2002 betrug die Kapitalerhöhung 9 T€ gezeichnetes Kapital
und 32 T€ Kapitalrücklage), hat die Haspa Finanzholding somit insgesamt
5.280 T€ für die 14% Beteiligung an der Sparkasse Mittelholstein AG ge-
zahlt. Auf dieser Basis wird das Gesamtinstitut mit 37,7 Mio. € bewertet.
Dabei ist zu bedenken, dass das bilanzielle Eigenkapital der Sparkasse Mittelholstein AG zum 31.12.2003 49,1 Mio. € erreicht. Die Beteiligung hat
die Haspa Finanzholding somit unter Buchwert gezeichnet. Eine komplette
Übernahme – die die Haspa Finanzholding nach eigenen Worten nicht an-
strebt – wäre nur dann möglich, wenn der Hauptaktionär, die Stiftung Spar-
und Leih-Kasse in Rendsburg, ihre Anteile verkaufen würde, die mit 57%
die Mehrheit an der Sparkasse Mittelholstein AG hält (vgl. Abbildung 2).

Stimmverhältnisse der Sparkasse Mittelholstein AG:

Stiftung Spar- und Leih-Kasse in Rendsburg	57%
Zweckverband Sparkasse Mittelholstein	8%
Privataktionäre und Mitarbeiter	21%
HASPA Finanzholding	14%

Abbildung 2: Stimmverhältnisse der Sparkasse Mittelholstein AG

Die Beteiligung an der Sparkasse Lübeck AG von 26% hat die Haspa Finanzholding 50 Mio. € gekostet (Quelle: Die Welt vom 09.09.2004). Zum
31.12.2003 wies die Sparkasse Lübeck AG ein Eigenkapital von 118,3 Mio.
€ aus. Somit hat die Haspa Finanzholding einen deutlich höheren Preis als
den Buchwert bezahlt. Dies könnte auf stille Reserven oder auf die Er-
tragsaussichten der Sparkasse Lübeck AG zurückzuführen sein.

Die Strategie der Haspa Finanzholding ist dabei die folgende (Quelle: Die
Welt vom 09.09.2004): „Der Hamburger Finanzriese bietet als "Haspa Finanzholding" anderen norddeutschen Sparkassen eine kapitalunterlegte Beteiligung im Rahmen einer umfassenden Zusammenarbeit ohne Beherr-
schung an. Bei diesem Konzept können die Haspa-Partner betriebswirt-
schaftliche Vorteile im Retailbanking erzielen, indem sie Leistungen aus
der Hamburger Sparkasse AG erhalten. Das betrifft … die Abwicklung von

Leistungen und Marketingaktivitäten bis hin zur Entwicklung neuer Produkte. Ausdrücklich hebt das Haspa-Management ... hervor, es gehe lediglich darum, Dienstleistungen für die kooperierenden Sparkassen anzubieten. An die Übernahme der unternehmerischen Führung sei dabei nicht gedacht. ... Signale erhält die Haspa bei ihren Plänen neuer Minderheitsbeteiligungen nicht nur von freien Sparkassen, sondern auch von kommunalen Kreditinstituten. So besteht offensichtliches Interesse der Städtischen Sparkasse Bremerhaven an einer Kooperationslösung im Rahmen der Norddeutschen Retailholding mit Haspa und Bremer Sparkasse." Die Ausweitung der Haspa Finanzholding auf den gesamten norddeutschen Raum ist somit angestrebt. Die schleswig-holsteinischen Oppositionsparteien CDU und FDP sehen die Haspa dabei als entscheidenden Konsolidierer im norddeutschen Sparkassenwesen (vgl. Handelsblatt, 25.01.2005, S. 25).

1.2.2 Die Sachsen-Finanzgruppe

In Sachsen wurde bereits in 2000 eine enge Verbindung der beteiligten Sparkassen im Rahmen des Sachsen-Finanzverbandes geschaffen. Aufgrund veränderter Rahmenbedingungen, insbesondere eines Volksentscheids gegen den Sachsen-Finanzverband und wegen Aufhebung von Anstaltslast und Gewährträgerhaftung, wurde der Sachsen-Finanzverband in die Sachsen-Finanzgruppe überführt. Die Sachsen-Finanzgruppe betreibt selbst kein Bankgeschäft, sondern ist eine Finanzholdinggesellschaft im Sinne des Kreditwesengesetzes (KWG).

In der Sachsen-Finanzgruppe sind sechs Sparkassen zusammengeführt. Zusätzlich ist die Sachsen-Finanzgruppe mit 73,1% an der Sachsen LB beteiligt. Sieben weitere Sparkassen haben Absichtserklärungen zum Beitritt unterschrieben. Nur drei Institute, die Sparkassen von Chemnitz, Bautzen und Löbau-Zittau, haben bislang einen Beitritt zur Sachsen-Finanzgruppe ausgeschlossen.

Tabelle 1 zeigt die Anteilseigner der Sachsen-Finanzgruppe mit der jeweiligen Beteiligung am Stammkapital.

Tabelle 1: Anteilseigner der Sachsen-Finanzgruppe

26,99%	Sparkassenzweckverband für die Stadt- und Kreissparkasse Leipzig
26,93%	Freistaat Sachsen
20,03%	Landeshauptstadt Dresden
14,75%	Sparkassenzweckverband für die Sparkasse Elbtal-Westlausitz
4,85%	Landkreis Aue-Schwarzenberg
4,03%	Landkreis Mittweida
2,42%	Landkreis Annaberg

Die Sachsen-Finanzgruppe gibt ihren angeschlossenen Sparkassen be-
triebswirtschaftliche Ziele vor, die bis 2007 zu erreichen sind:

-   Eigenkapitalrentabilität vor Steuern (EKR): 15%,

-   Cost-Income-Ratio (CIR) für die Sparkassen: 60%

-   Cost-Income-Ratio für die Sachsen LB: 45%.

Diese Ziele sind für die Sparkassen in Etappen zu erreichen. 2003 hat die
CIR bei 68% und die EKR bei 8,0% zu liegen, 2004 die CIR bei 66% und
die EKR bei 9,8%, 2005 die CIR bei 64% und die EKR bei 11,5% und 2006
die CIR bei 62% und die EKR bei 13,3%. Inwieweit diese Kennzahlen Ziel-
führend sind, wird in den folgenden Kapiteln näher analysiert.

Abhängig vom Erreichen dieser Ziele erfolgt die Ausschüttung an die Anteilseigner. 51% des Jahresüberschusses werden quotal nach der Beteiligungshöhe ausgeschüttet, 49% erfolgsabhängig nach dem Erreichen der
betriebswirtschaftlichen Ziele. Werden die Ziele nicht oder nur teilweise
erreicht, so wird der erfolgsabhängige Teil thesauriert.

Bei den Mitgliedsinstituten darf eine Ausschüttung nur erfolgen, wenn die
Kernkapitalquote über 6% liegt (SachsenLB: 4,5%). Als Anteilseigner der
beteiligten Institute steht der Sachsen-Finanzgruppe ein Vetorecht bei Vor-
standsbestellungen zu, falls die Durchsetzung der betriebswirtschaftlichen
Ziele als gefährdet angesehen wird.

Als Finanzholdinggesellschaft stellt die Sachsen-Finanzgruppe einen Konzernabschluss auf, in dem die beteiligten Institute konsolidiert werden. In
diesem werden u. a. Informationen über die beteiligten Institute geliefert,

die in deren Abschlüssen nicht enthalten sind, aber auch Angaben, die eine genauere Beurteilung der Sachsen-Finanzgruppe selbst ermöglichen.

So gibt die Sachsen-Finanzgruppe detailliert für ihre Mitgliedssparkassen die vorhandenen stillen Reserven an (vgl. Tabelle 2).

Tabelle 2: Vorsorgereserven der Sparkassen der Sachsen-Finanz-gruppe[6]

in Mio. €	Vorsorge-reserven 2002	Vorsorge-reserven 2003
Stadt- und Kreissparkasse Leipzig	33,5	41,0
Stadtsparkasse Dresden	23,2	33,2
Sparkasse Elbtal-Westlausitz	24,7	30,3
Kreissparkasse Aue-Schwarzenberg	12,3	13,9
Kreissparkasse Mittweida	2,6	5,3
Kreissparkasse Annaberg	0,1	3,1

Diese Angaben erhält man normalerweise nicht direkt von den Sparkassen, sondern bestenfalls indirekt (vgl. auch Kapitel 4). Darüber hinaus gibt die Sachsen-Finanzgruppe genauen Einblick in die einzelnen Geschäftsbereiche der Institute, da sie als Konzernunternehmen zur Aufstellung einer Segmentberichterstattung verpflichtet ist. Die Daten sind in Tabelle 3 dargestellt.

Der Bereich Capital Markets umfasst dabei das Treasury, Handel, Erfolg aus Liquiditätsmanagement, Zins- und Währungsmanagement und Kapitalstrukturmangement sowie das Geschäft mit Sparkassen/Banken und institutionellen Anlegern.

Corporate Finance beinhaltet insbesondere das nationale und internationale Kreditgeschäft einschließlich Förderkreditgeschäft, Retail das klassische Privatkundengeschäft.

Wichtigstes Segment ist für die Sachsen-Finanzgruppe danach Corporate Finance. Dieses bindet mit großem Abstand das höchste allokierte Kapital, d. h. bilanzielles Eigenkapital.[7] Dieses Segment weist aber auch das schlechteste Ergebnis in Form der negativen Eigenkapitalrentabilität auf. Die anderen beiden operativen Bereiche machen zusammen gerade einmal

---

[6] Quelle: Jahresabschluss der Sachsen-Finanzgruppe 2003, in: Bundesanzeiger vom 23.10.2004, Nr. 202, S. 26813.

[7] Stille Einlagen und Fremdanteile wurden dabei von der Sachsen-Finanzgruppe abgesetzt.

ein Drittel des Eigenkapitalvolumens von Corporate Finance aus, sind aber beide hochprofitabel. Gerade der Bereich Capital Markets ist vom Ergebnis so gut, um die Verluste aus Corporate Finance aufzufangen. Während das Kreditgeschäft somit defizitär arbeitet, ist das Privatkundengeschäft hochprofitabel.

Nachvollziehbar sind die Daten aber teilweise nicht. Das allokierte Kapital wird üblicherweise über die Kernkapitalquote ermittelt, wonach jedes Segment den gleichen Anteil relativ zu den Risikopositionen erhält. Dies ist bei der Sachsen-Finanzgruppe aber nicht geschehen. Während Capital Markets eine Kernkapitalquote (= allokiertes Kapital zu Risikopositionen) von 3,2% erhält und Retail eine von 7,4%, muss Corporate Finance 16,8% tragen. Dies kann umfangreiche Auswirkungen auf die Ertragszahlen haben, wie in Kapitel 7 gezeigt wird. Insofern sind die Zahlen der Sachsen-Finanzgruppe mit Vorsicht zu interpretieren.

Tabelle 3: Segmentdaten der Sachsen-Finanzgruppe[8]

in Mio. €	Capital Markets	Corporate Finance	Retail	Üb-rige	Kon-zern
Zinsüberschuss	244,9	130,4	270,2	-0,5	645,0
Provisionsüberschuss	10,8	34,3	110,2	1,4	156,7
Ergebnis aus Finanz-geschäften	12,5	1,3	1,6	0,0	15,4
Saldo sonstige be-triebliche Erträ-ge/Aufwendungen	4,2	58,9	1,5	-43,4	21,2
Verwaltungsaufwand	61,1	162,5	323,6	49,0	596,2
Ergebnis Versiche-rungsgeschäft	0,0	0,0	0,0	6,9	6,9
Betriebsergebnis vor Risikovorsorge	211,3	62,4	59,9	-84,6	249,0
Risikovorsor-ge/Bewertung	19,6	-128,1	-17,8	-36,6	-162,9
Betriebsergebnis nach Risikovorsor-ge/Bewertung	230,9	-65,7	42,1	-121,2	86,1
Vermögen	26.065	15.381	2.356	-403	43.399
Verbindlichkeiten	54.709	2.422	13.606	-297	70.440
Risikopositionen	12.340	10.091	1.701	1.419	25.551
Allokiertes Kapital	399	1.694	126	-1.131	1.088
Eigenkapitalrentabili-tät	57,8%	-3,9%	33,4%		7,9%
Cost-Income-Ratio	22,4%	72,3%	84,4%		70,5%

Auch bei anderen Sparkassen zeigt sich im Weiteren aber, dass das Firmen-kundengeschäft in 2003 deutlich schlechter als das Privatkundengeschäft abgeschnitten hat (vgl. Kapitel 7).

Das Beispiel Sachsen-Finanzgruppe zeigt, wie die regionale Konsolidierung im Sparkassensektor laufen kann, ohne dass die einzelnen Einheiten zuviel Einfluss auf das regionale Geschäft verlieren.

---

[8] Quelle: Jahresabschluss der Sachsen-Finanzgruppe 2003, in: Bundesanzeiger vom 23.10.2004, Nr. 202, S. 26820.

1.3   Der Konzentrationsprozess in der Genossenschaftsbankenland-schaft

Noch viel stärker als bei den Sparkassen fand in den letzten Jahren bei den Genossenschaftsbanken ein Konzentrationsprozess statt. So hat sich die Zahl der Genossenschaftsbanken seit 1994 deutlich von 3.676 auf 1.338[9] reduziert. Ursprünglich galten 800 Genossenschaftsbanken als Zielmarkt für die angestrebte Anzahl an selbständigen Instituten. Neben der Zahl der Genossenschaftsbanken ist auch die Zahl der genossenschaftlichen Zentral-banken gesunken. Von ursprünglich vier sind mittlerweile mit der DZ Bank und der WGZ-Bank nur noch zwei Institute übrig. Die weitere Strategie ist dabei umstritten. Während die Genossenschaftsbanken eine Zentralisierung auf die DZ Bank fürchten, womit sie zu reinen Vertriebsteilen degradiert würden, scheint die DZ Bank genau dies anzustreben. Mit der Bausparkasse Schwäbisch Hall und der Versicherung R+V hat die DZ Bank bereits zwei große genossenschaftliche Unternehmen unterhalb des eigenen Instituts zentralisiert. Aus diesem Grund ist bislang auch die Fusion zwischen DZ Bank und WGZ-Bank gescheitert.

1.4 Das Rating der Sparkassen

Ratings sind stanardisierte Kennziffern zur Beurteilung und Einstufung von Schuldnern. Die bekanntesten internationalen Rating-Agenturen sind Moo-dy´s, Standard & Poor´s und Fitch.

„Die Rating-Agentur Moody's hat für Sparkassen, die Landesbanken, die DekaBank, die Landesbausparkassen und den S-Broker einen Rating-Floor von A1 vergeben. Die renommierte Agentur bringt damit die Stärke der Sparkassen-Finanzgruppe zutreffend und unabhängig von Anstaltslast und Gewährträgerhaftung zum Ausdruck."[10] Diese Aussage über das Gruppen-Rating impliziert, dass das Rating sehr positiv für die Sparkassen-Finanzgruppe ist. Dabei muss aber beachtet werden, dass ein A-Rating ein Ausfallrisiko beinhaltet, wie Tabelle 4 zeigt.

---

[9]   Quelle: Handelsblatt vom 24.02.2005, S. 21.
[10]   Quelle: Schackmann-Fallis (2005), S. 8.

Tabelle 4: Moody´s Ratings 1970-1998 (in % in Abhängigkeit des Ratings und der Laufzeit)[11]

	1 J.	2 J.	3 J.	4 J.	5 J.	6. J.	7 J.	8 J.	9 J.	10 J.
Aaa	0,00	0,00	0,00	0,04	0,14	0,24	0,35	0,47	0,61	0,77
Aa	0,03	0,04	0,09	0,23	0,36	0,50	0,64	0,80	0,91	0,99
A	0,01	0,06	0,20	0,35	0,50	0,68	0,85	1,05	1,29	1,55
Baa	0,12	0,38	0,74	1,24	1,67	2,14	2,67	3,20	3,80	4,39
Ba	1,29	3,60	6,03	8,51	11,1	13,4	15,2	17,1	18,9	20,63
B oder schlechter	6,47	12,8	18,5	23,3	27,7	31,6	35,0	38,0	40,7	43,91

Über zehn Jahre beträgt das Ausfallrisiko 1,55%. Von knapp 500 Sparkassen würden damit 500 × 1,55% = 8 Sparkassen die nächsten zehn Jahre nicht überleben, sondern „ausfallen". Dieser Wert impliziert damit nicht unbedingt eine große Stärke, da in der Sparkassen-Finanzgruppe bereits die Sicherungssysteme enthalten sind. Wenn danach noch ein derartiges Risiko besteht, ist sicherlich nicht von einer großen Stärke zu sprechen.

Das Rating stellt dabei einen Floor, d. h. ein Mindestrating dar. Ein Mitglied der Sparkassen-Finanzgruppe kann damit besser als A1, aber nicht schlechter geratet werden. Bislang haben fünf Sparkassen ein Rating:

- Sparkasse Spree-Neiße: A1 (Finanzstärke-Rating: C+)

- Sparkasse Aachen: Aa3 (Finanzstärke-Rating: B)

- Stadtsparkasse Düsseldorf: Aa3 (Finanzstärke-Rating: C+)

- Sparkasse KölnBonn: A1 (Finanzstärke-Rating: B-)

- Kreissparkasse Köln: A1 (Finanzstärke-Rating: B-)

Ein Rating von A1 zeigt damit nicht die Instituteigene Stärke an, sondern die nach Mitgliedschaft in der Sparkassen-Finanzgruppe. Ob die Sparkasse Spree-Neiße das Rating auf sich allein gestellt bekommen hätte, muss bezweifelt werden. Deshalb ist das Finanzstärke-Rating, das den Einfluss der Finanzgruppe auf das einzelne Rating nicht enthält, für die externe Beurteilung besser geeignet. Hier ist Aachen die beste Sparkasse, während Düssel-

---

[11] Quelle: Moody´s Investors Service (1999), S. 26, in: Hirszowicz / Jovic (2000), S. 12.

dorf und Spree-Neiße nur ein C+ erhalten. Die Begründungen zu den Ratings sind im Internet teilweise auch nachlesbar und können für eigene Beurteilungen deshalb hinzugezogen werden.

1.5 Ergebnis

Sowohl die Gruppe der Genossenschaftsbanken als auch die der Sparkassen befindet sich im Umbruch. Die mannigfaltigen Auswirkungen wurden hier nur kurz angerissen, zeigen aber die Notwendigkeit einer externen Analyse dieser Banken.

Adressat einer solchen Analyse sind dabei insbesondere die Eigentümer, aber auch Kunden, Mitarbeiter usw. In den folgenden Kapiteln wird gezeigt, wie eine externe Analyse – trotz aller damit verbundenen Probleme – auch für Genossenschaftsbanken und Sparkassen durchgeführt werden kann. Dabei wird eine Volluntersuchung aller Genossenschaftsbanken und Sparkassen durchgeführt, die ihren 2003er Jahresabschluss im Bundesanzeiger veröffentlicht haben. Dabei handelt es sich um 702 Genossenschaftsbanken und 477 Sparkassen.

Mit dieser Analyse soll auch die Basis für tiefergehende Analysen dieser Bankengruppen gelegt werden. Zahlreiche Fragen zu den Bankengruppen sind nur mit umfangreichen Daten aus den Jahresabschlüssen möglich.

Zunächst wird im folgenden Kapitel die Notwendigkeit einer spezifischen Bankbilanzanalyse dargelegt. Im Anschluss daran findet die Aufspaltung des Ergebnisses in seine Bestandteile statt. Nach der Eigenkapitalanalyse (Kapitel 4) und der Risikoanalyse (Kapitel 5) findet in Kapitel 6 zusammenfassend die Rentabilitätsanalyse statt. In Kapitel 7 wird mit der Segmentanalyse eine neue Informationsquelle in die Jahresabschlussanalyse eingeführt.

2 Notwendigkeit einer spezifischen Bankbilanzanalyse

2.1   Unterschiede zwischen Industriebilanz und Bankbilanz

Die Eigenart ihres Geschäftes, die ihnen zukommenden volkswirtschaftlichen Funktionen und die aus ihrem Geschäft resultierenden Risiken begründen eine besondere Sicht und Analyse von Bankbilanzen. Ein erster Blick auf die Bilanzen von Industrieunternehmen und Banken zeigt schon deutliche Unterschiede.

Die Aktivseite eines Industrieunternehmens ist nach zunehmendem Liquiditätsgrad geordnet, während die Aktivseite einer Bank neben dem Liquiditätsgrad (in umgekehrter Reihenfolge zur Industriebilanz) zusätzlich nach der Bonität ausgerichtet ist. Sie besteht zum weit überwiegenden Teil aus Rechtstiteln wie Forderungen und Wertpapieren und nur zu einem geringen Teil aus Sachwerten. Die den Bankaktiva innewohnenden Risiken haben zu besonderen Auflagen geführt, die in der Form der bankaufsichtsrechtlichen Eigenkapitalvorschriften das Aktivgeschäft einer Bank maßgeblich beeinflussen. Noch deutlicher werden die Unterschiede, wenn man die Passivseite betrachtet.

Bei Industrieunternehmen ist die Passivseite lediglich die Kapitalbeschaffungsseite. Zwar ist die Finanzierungsstruktur ein wichtige Entscheidungsgröße bei der Optimierung der Gewinn- bzw. Renditeziele, die Passivseite stellt sich jedoch tatsächlich als eine „passive" Seite dar, als sie lediglich eine notwendige Voraussetzung ist, um das eigentliche (Aktiv-)Geschäft tätigen zu können.

Im Gegensatz hierzu ist bei Banken die Passivseite „aktives" Geschäft,[12] da Banken ständig bemüht sind, Kundeneinlagen und damit Fremdkapital zu akquirieren. Bezeichnender Weise wird zur Beschreibung der Größe einer Bank regelmäßig die Bilanzsumme genannt statt wie bei Industrieunternehmen der Umsatz. Die Akquisition von Fremdkapital (Kundeneinlagen) führt zu einem permanenten Bilanzsummenwachstum. Damit ist ein grundsätzlicher Zielkonflikt im Bankgeschäft berührt. Je erfolgreicher eine Bank expandiert, desto höher wird prinzipiell ihr Verschuldungsgrad. Die Deckung der Kundeneinlagen mit Eigenkapital nimmt ab.

In weit höherem Maße als bei Industrieunternehmen tätigen Banken darüber hinaus nichtbilanzwirksame Geschäfte, deren besonderes Merkmal latente

---

[12] Vgl. Eilenberger (1997), S. 189.

Risiken sind. Dem hohen Risikopotenzial von bilanzwirksamen und bilanzunwirksamen Geschäften steht eine Gläubigerstruktur gegenüber, die sich von Industrieunternehmen grundlegend unterscheidet. Die handelsrechtliche Rechnungslegung stellt generell auf kaufmännisch vorgebildete Adressaten ab, bei Banken wird aber praktisch jeder Bürger durch seine Einlagen zu einem Gläubiger. Aus der Fristentransformation, die die Banken vornehmen, um ihre Rentabilität zu verbessern, gepaart mit der Unerfahrenheit von Einlegern, entsteht die „run"-Gefahr.

Die Fristentransformation bewirkt, dass nur ein geringer Teil der als Einlagen verbuchten Gelder als Bargeld sofort abrufbar ist. Damit entsteht ein Liquiditätsrisiko im Falle unvorhergesehener Barabhebungen durch Kunden. Liquiditätsschieflagen einer Bank führen schneller und zu einem weitreichenderen wirtschaftlichen Zusammenbruch als in anderen Branchen. Von Bankzusammenbrüchen sind auch Kleinsparer mit geringen wirtschaftlichen Kenntnissen betroffen, für die die Banken als Kapitalsammelstellen die Funktion der Zukunftsvorsorge übernehmen.

Lange Zeit wurde versucht, Einlegerschutz auch durch besondere Bilanzierungsregeln zu erreichen. Im HGB hat sich dies in speziellen Vorschriften zur stillen Risikovorsorge und in einer insgesamt restriktiveren Informationspolitik niedergeschlagen. Heute gilt diese Form des Einlegerschutzes als überholt.[13] Es hat sich die Erkenntnis durchgesetzt, dass Transparenz in der Rechnungslegung einen besseren Schutz gegen Bankenkrisen darstellt.

Dieser Form von Rechenschaft haben sich auch die Genossenschaftsbanken und Sparkassen zu stellen. In diesem Buch wird damit nicht nur die Geschäftslage analysiert, sondern auch auf mangelnde Transparenz in den jeweiligen Bereichen hingewiesen, die spätestens im Rahmen von Basel II abgebaut werden muss.

2.2   Die besondere Bedeutung des Eigenkapitals

Neben der Vertrauensbildung durch Rechenschaft kommt dem Eigenkapital eine elementare vertrauensbildende Funktion zu. Ein hohes, offen ausgewiesenes Eigenkapital hat durch seine Haftungs- und Verlustausgleichsfunktion eine vertrauensbildende Wirkung bei Gläubigern.

---

[13]   Vgl. zu dieser Diskussion Bieg (1998), S. 453 ff.

Der vertrauensbildenden Wirkung von Eigenkapital stehen die hohen Eigenkapitalkosten gegenüber, die sich im Leverage-Effekt niederschlagen. Dem Bestreben, den Verschuldungsgrad ständig zu erhöhen, ist eine Grenze gesetzt auf zweierlei Art. Eine absolute Untergrenze zieht das Aufsichtsrecht durch die gesetzlichen Anforderungen im Grundsatz I. Früher aber als durch das Aufsichtsrecht wird eine Grenze durch den Kapitalmarkt gezogen. Zunächst soll die durch den Kapitalmarkt gezogene Grenze erläutert werden.

Wird eine bestimmte, vom Kapitalmarkt geforderte Eigenkapitalausstattung unterschritten, wird das Rating fallen und die Fremdkapitalkosten steigen. Dadurch kann sich der positive Leverage-Effekt in einen negativen wandeln. Als Beispiel für eine solche Entwicklung lässt sich das Rating der Deutschen Bank heranziehen, das nach der Übernahme von Bankers Trust und dem Einstieg in das Investmentbanking abgesenkt wurde, wodurch sich der Fremdkapitalzins erhöhte und damit die Eigenkapitalrentabilität nicht so stark anstieg wie erhofft oder sogar abfiel.[14] Mit dem Wegfall der Gewährträgerhaftung wird diese Sicht nun auch für Sparkassen relevant.

Die absolute Untergrenze für die Eigenkapitalquote wird durch das Aufsichtsrecht bestimmt. Der Solvabilitätskoeffizient ist hierbei das bankspezifische Maß für den Gläubiger- und damit Einlegerschutz. Der Solvabilitätskoeffizient gibt die Deckungsquote des haftenden Eigenkapitals an und zeigt damit, inwieweit ein in bestimmter Weise definiertes Schuldnerausfallrisiko durch Eigenkapital abgesichert ist. In ihrer Realisierung sichere Vermögensgegenstände bedürfen keiner Eigenkapitalabsicherung, da sie uneingeschränkt zur Erfüllung von Verpflichtungen auf der Passivseite zur Verfügung stehen. Unsichere Vermögenswerte werden dagegen nach dem Grad ihrer Unsicherheit mit Eigenkapital unterlegt. Die unsicheren Vermögensgegenstände werden durch die Risikoaktiva definiert. Sie dürfen nach § 10 KWG in Verbindung mit dem Grundsatz I maximal das 12,5-fache des aufsichtsrechtlichen haftenden Eigenkapitals betragen. Damit wird die Ausstattung mit bankaufsichtsrechtlichem Eigenkapital zu einer restringierenden Größe für die Geschäftsausweitung. So führt auch *Waschbusch* aus: „Im System der Bankenaufsicht kommt der Ausstattung der Kredit- und Finanzdienstleistungsinstitute mit Eigenkapital bzw. Eigenmitteln eine Schlüsselposition zu. Dies liegt in den unterschiedlichen Funktionen begründet, die Eigenkapitalelemente aus Sicht der Bankenaufsicht zu erfüllen haben. Im Vordergrund des bankenaufsichtsrechtlichen Interesses steht hierbei die Verlustausgleichsfunktion des Eigenkapitals im „going-concern-

---

[14] Vgl. auch Gries / Hiller von Gaertingen / Zöttl (2000), S. 59.

Fall" sowie die Garantie- oder Haftungsfunktion des Eigenkapitals im Konkursfall".[15]

Gläubiger wünschen immer einen hohen Solvabilitätskoeffizienten und damit einen deutlich niedrigeren Satz als das 12,5-fache. Anteilseigner befinden sich im Gegensatz zu Gläubigern in einem Zielkonflikt zwischen hohem und niedrigerem Solvabilitätskoeffizienten. Einerseits erhöht ein hoher Solvabilitätskoeffizient die Bonität und senkt damit die Refinanzierungskosten, andererseits bedeutet dies aber auch ein Zuviel an Eigenkapital und damit ungenutzte Ressourcen.

Die Analyse der Eigenkapitalausstattung muss damit ein elementarer Teil der externen Analyse von Banken sein und steht deshalb auch hier mit im Fokus.

2.3   Ziele der Bankbilanzanalyse

2.3.1   Adressaten

In Anlehnung an *Ernsting* lassen sich folgende Adressaten der Bankbilanz unterscheiden:[16]

---

[15] Waschbusch (2000), S. 179.
[16] Vgl. Ernsting (1997), S. 31.

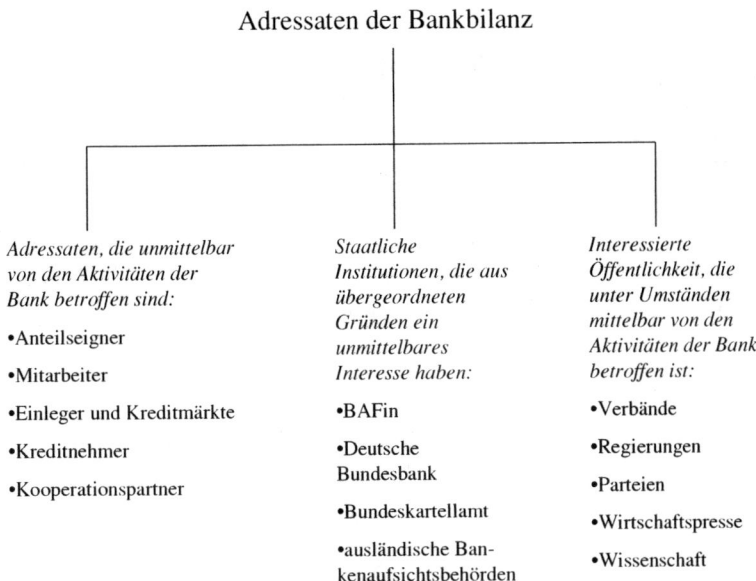

Abbildung 3:   Adressaten der Bankbilanz

Als zusätzliche Adressaten gegenüber einer Industriebilanz sind hier insbesondere die staatlichen Institutionen zu nennen, die aus übergeordneten Gründen ein unmittelbares Interesse an einer Bankbilanz haben. Eine herausgehobene Position innerhalb des Adressatenkreises nehmen zweifellos die Gläubiger (Einleger) und Anteilseigner ein. An ihnen ist primär die klassische Bilanzanalyse ausgerichtet, die eine Unterteilung in erfolgs- und finanzwirtschaftliche Analyse vornimmt.[17] Je nachdem, welche Gewichtung man der einen oder anderen Adressatengruppe zumisst, wird der Schwerpunkt entweder auf der finanz- oder auf der erfolgswirtschaftlichen Analyse liegen.

---

[17] Vgl. Coenenberg (1997), S. 587 und 665; Gräfer (1997), S. 16; Küting / Weber (2000), S. 76.

2.3.2   Gewichtung der Analyseziele

2.3.2.1 Finanzwirtschaftliche Analyse

Die finanzwirtschaftliche Bilanzanalyse ist eher gläubigerorientiert. Mir ihr sollen durch die Gegenüberstellung von Kapitalaufnahme und Kapitalverwendung Informationen über die Bonität und Liquidität gewonnen werden. Diese Form der externen Bilanzanalyse ist allerdings auf Banken nur bedingt übertragbar. Dies liegt an der beschriebenen Synergiewirkung von Kapitalherkunft und -verwendung. Beide Seiten lassen sich nicht sinnvoll trennen, da auch die Passivseite zum aktiven Geschäft einer Bank zählt. Ein Teil des Erfolges einer Bank, der Zinsüberschuss, ergibt sich unmittelbar aus dem Zusammenhang zwischen Aktiv- und Passivgeschäft. Das Hauptargument gegen eine externe finanzwirtschaftliche Bilanzanalyse liegt aber in der großen Bedeutung der Liquiditätssicherung, die durch besondere, leistungsfähige Schutzinstrumente gewährleistet wird. Zunächst ist festzuhalten, dass Liquidität durch Banken im Normalfall relativ leicht (zu Lasten der Rentabilität) steuerbar ist. So könnte durch vollständige Fristenkongruenz das Liquiditätsrisiko ausgeschaltet werden. Wichtiger aber ist, dass eine finanzwirtschaftliche Bankbilanzanalyse aufgrund der besonderen Beaufsichtigung der Liquiditätssituation durch das Bundesaufsichtsamt für Finanzdienstleistungsaufsicht (BAFin) überflüssig wird. Die Sicherung der jederzeitigen Liquidität ist im Grundsatz II ein wesentliches Ziel der Bankenaufsicht. Für die externe Beurteilung einer Bank spielt der Grundsatz II nur eine untergeordnete Rolle, da das BAFin die jederzeitige Erfüllung sicherstellt. Mit weitreichenden Kompetenzen ausgestattet kann das Bundesaufsichtsamt frühzeitig bei Liquiditätsschieflagen eingreifen.

Neben dem Liquiditätsrisiko soll in der finanzwirtschaftlichen Analyse das Bonitätsrisiko erfasst werden. Der Gefährdung von Einlegern durch ausgefallene Kredite wird durch entsprechende Eigenkapitalsicherungsinstrumente, insbesondere durch den Grundsatz I, begegnet. Sollte eine Bank den Solvabilitätskoeffizienten nicht erfüllen können, droht ihr unmittelbar die Schließung.

Es lässt sich somit festhalten, dass eine finanzwirtschaftliche Bankbilanzanalyse nicht notwendig ist, so dass der einzige Bestandteil einer Bankbilanzanalyse die erfolgswirtschaftliche Analyse ist.

2.3.2.2 Erfolgswirtschaftliche Analyse

Ziel der erfolgswirtschaftlichen Analyse ist es, die wichtigsten Erfolgsquellen herauszufiltern, um Aussagen über die künftigen Erfolgsbeiträge, kurz die Ertragskraft, zu gewinnen. Hierbei wird durch eine Erfolgsspaltung die Zerlegung des Erfolges in seine einzelnen Bestandteile vorgenommen.[18] Damit werden die einzelnen Erfolgsquellen getrennt, um genauer analysiert werden zu können. Als wichtigste Kriterien für die Erfolgsspaltung nennt *Baetge* die:[19]

- Nachhaltigkeit,

- Betriebszugehörigkeit und

- Periodenbezogenheit

des Unternehmenserfolges. Als „nachhaltig" werden Erfolge angesehen, die „voraussichtlich auch künftig in ähnlicher Höhe auftreten werden".[20] Sie werden als ordentlich definiert, während der verbleibende Rest als außerordentlich zu betrachten ist.[21]

Mit der Betriebszugehörigkeit von Erfolgen wird auf die eigentliche betriebliche Tätigkeit abgestellt. Sie ist dadurch charakterisiert, dass ihr Fehlen unmittelbar die gewöhnliche Geschäftstätigkeit beeinträchtigt.[22] *Baetge* selbst erwähnt, dass nicht immer eindeutig geklärt werden kann, ob Erfolgsbeiträge betrieblich oder nicht betrieblich sind.[23]

Unter der Periodenbezogenheit wird die Zuordnung nur solcher Vorgänge verstanden, die in einer Periode verursacht wurden. Damit sollen periodenübergreifende Erfolgsverlagerungen vermieden werden.[24] Nicht der Periode zugehörige Vorgänge werden als außerordentlich eingestuft.

Trotz der gravierenden Probleme, die mit einer externen Bilanzanalyse verbunden sind, soll das Grundkonzept der Industriebilanzanalyse auf die Bankbilanzanalyse übertragen werden. Dies geschieht vor dem Hinter-

---

[18] Vgl. Gräfer (1997), S. 103 und S. 343; Coenenberg (1997), S. 337 ff.
[19] Vgl. Baetge (1998), S. 343.
[20] Baetge (1998), S. 342.
[21] Vgl. Baetge (1998), S. 343.
[22] Vgl. Baetge (1998), S. 344.
[23] Vgl. Baetge (1998), S. 344.
[24] Vgl. Baetge (1998), S. 344.

grund, dass Bilanzen die bei weitem wichtigste, nicht selten die einzige Informationsquelle für externe Analysten darstellen.

Ausgangspunkt der erfolgswirtschaftlichen Bankbilanzanalyse ist die GuV. Die Positionen der GuV werden in einem ersten Schritt aufbereitet, um den Unternehmenserfolg auf die einzelnen Bestandteile des Erfolges aufzuspalten. Die Vorgehensweise entspricht somit derjenigen in der klassischen Bilanzanalyse.[25] Ein entscheidender Bestandteil des Erfolges sind hierbei die stillen Reserven. Die Bestandteile der GuV lassen sich den wesentlichen Bereichen des Bankgeschäftes direkt zuordnen. Deshalb erfolgt die Erfolgsspaltung bei Banken nach dem Ursprung des Ertrages. Die genauere Unterteilung wird in den folgenden Kapiteln vorgenommen. Die Ergebnisbestandteile sind jeweils um außerordentliche Beträge, also periodenfremde und nicht regelmäßige Erfolgsbeiträge zu korrigieren, die in den jeweiligen Positionen ausgewiesen werden.

---

[25] Vgl. dazu Baetge (1998), S. 342 f.; Gräfer (1997), S. 101 f.

3 Einzelpositionsanalysen

Um das Ergebnis von Genossenschaftsbanken und Sparkassen analysieren zu können, müssen die einzelnen Ertrags- und Aufwandspositionen getrennt untersucht werden, um daraus Rückschlüsse auf Stärken und Schwächen in den einzelnen Bereichen ziehen zu können.

Die wichtigsten Ertrags- und Aufwandspositionen einer Bank sind

- der Zinsüberschuss,

- die Risikovorsorge,

- das Provisionsergebnis,

- das Handelsergebnis,

- das Aktien-/Beteiligungsergebnis sowie

- die Verwaltungsaufwendungen.

Wichtigste Ertragsposition bei allen Genossenschaftsbanken und Sparkassen ist der Zinsüberschuss. Bei herkömmlicher Betrachtung entfällt dabei die Unterteilung in einen Konditionen- und einen Strukturbeitrag, wie es in der Marktzinsmethode üblich ist. Um eine Bank extern beurteilen zu können, ist eine solche Unterteilung aber notwendig, um die Stärken und Schwächen im Zinsgeschäft näher beurteilen zu können.

Darüber hinaus wird die Risikovorsorge häufig nicht vom Zinsüberschuss, sondern von einem sogenannten Betriebsergebnis abgezogen. So wird die Risikovorsorge auch im Jahresabschluss nach allen Ertragspositionen und nach den Verwaltungsaufwendungen gezeigt. Sachgerecht ist eine Zuordnung nach dem Zinsüberschuss, wie es auch die IFRS verlangen.

Die Wichtigkeit des Provisionsgeschäftes hat auch bei Genossenschaftsbanken und Sparkassen zugenommen. Hier macht sich einerseits der Cross-Selling-Gedanke bemerkbar, wonach bei beiden Bankengruppen verstärkt Gruppeneigene Produkte von Bausparkassen, Versicherungen usw. angeboten werden. Andererseits haben Entwicklungen wie der verstärkte Wertpapierhandel zu höheren Provisionserträgen geführt.

Das Handelsergebnis ist bei Genossenschaftsbanken und Sparkassen nur gering ausgeprägt, was einerseits an der geringen Größe der meisten Banken liegt, die dementsprechend keinen eigenen Handel betreiben, und andererseits an den Rechnungslegungsvorschriften, die das Handelsergebnis nur sehr eng definieren. Wesentliche Ertrags- und Aufwandspositionen werden in anderen GuV-Positionen gezeigt, insbesondere im Zinsüberschuss. Deshalb muss die Aussagekraft des Handelsergebnisses besonders untersucht werden.

Eine gesonderte Analyse verlangen die Aktien- und Beteiligungsbestände von Genossenschaftsbanken und Sparkassen. Sie bilden Besonderheiten, da diese Banken häufig direkt an Verbundunternehmen wie Bausparkassen, Versicherungen, Zentralbanken etc. beteiligt sind bzw. indirekt über die jeweiligen Verbände. Diese Beteiligungen sind aber im Regelfall nicht disponibel, sondern sind im Rahmen der Verbundstrategie zu bewerten. Deshalb wird das Aktien-/Beteiligungsergebnis gesondert analysiert und bewertet.

Letztlich bilden die Verwaltungsaufwendungen die zur Erzielung der Erträge notwendigen Aufwendungen für Sach- und Personalmittel ab.

3.1 Zinsüberschuss

3.1.1   Aufspaltung des Zinsergebnisses und Bildung von bereichsbezogenen Analysegrößen

Der Zinsüberschuss lässt sich aus den GuV-Positionen Zinserträge und Zinsaufwendungen zusammensetzen. Laufende Erträge aus Aktien, Beteiligungen und verbundenen Unternehmen werden häufig auch zum Zinsüberschuss gezählt, werden hier aber dort nicht eingegliedert.

Schon allein die Zusammensetzung des Zinsüberschusses lässt Rückschlüsse auf die Ertrags- und Risikosituation einer Bank zu. Die Zinserträge lassen sich in Zinserträge aus Kredit- und Geldmarktgeschäften und Zinserträge aus festverzinslichen Wertpapieren unterteilen. Insgesamt liegen die Zinserträge aus Kredit- und Geldmarktgeschäften bei den Sparkassen bei knapp 39 Mrd. € und die Zinserträge aus festverzinslichen Wertpapieren bei 8,4 Mrd. € und damit bei ca. einem Sechstel der gesamten Zinserträge. Während die festverzinslichen Wertpapiere – wenn sie von öffentlichen Stellen stammen – in der Regel als Ausfallrisikolos angesehen werden können, liegen in den Kredit- und Geldmarktgeschäften teilweise beträchtliche

Ausfallrisiken. Es lässt sich somit festhalten, dass desto höher der Anteil der Erträge aus festverzinslichen Wertpapieren ist, umso geringer das Ausfallrisiko sein müsste. Bei einigen ostdeutschen Sparkassen übertreffen die Erträge aus festverzinslichen Wertpapieren sogar die Erträge aus Kredit- und Geldmarktgeschäften. Diesen Banken weisen damit per se aus ihrer Struktur ein geringeres Ausfallrisiko aus als die westdeutschen Sparkassen.

Damit wird nicht die Qualität des Kreditportfolios angesprochen. Dieses liegt bei ostdeutschen Sparkassen aufgrund der konjunkturellen Lage im Regelfall unter der von westdeutschen Sparkassen. Da die Struktur der Erträge aber risikoärmer als die der westdeutschen Sparkassen ist, bedeutet dies nicht automatisch, dass das Risiko insgesamt höher ist.

3.1.2 Bestimmung der Zinsmarge

Wesentlicher Beurteilungsmaßstab für das Zinsgeschäft ist die aus der Differenz zwischen Aktiv- und Passivzins entstehende Zinsmarge (vgl. Kennzahl 1).

Kennzahl 1:

Zinsmarge = Durchschnittszinssatz der Forderungen – Durchschnittszinssatz der Verbindlichkeiten

---

Während die Zinsmarge häufig als Basis die Bilanzsumme hat, wird sie hier nur auf Forderungen bzw. Verbindlichkeiten bezogen. Nur diese Positionen sind zinstragend, während die übrigen kein Zinsergebnis, sondern andere Erträge bzw. Aufwendungen generieren. Der Nachteil einer auf die Bilanzsumme bezogenen Zinsmarge wird damit offenkundig. Da der Zähler (Zinsertrag bzw. -aufwand) in keinem Zusammenhang mit dem Nenner (Bilanzsumme) steht, ist das Ergebnis nicht interpretierbar. Nur wenn Zähler und Nenner einen Zusammenhang haben, können Kennzahlen sinnvoll gebildet und interpretiert werden.[26]

---

[26] Vgl. Coenenberg (2003), S. 935.

Der Durchschnittszinssatz der Forderungen ergibt sich dabei als Quotient der Zinserträge aus Kredit- und Geldmarktgeschäften und der Summe aus Forderungen an Kreditinstitute und an Kunden.

Kennzahl 2:

$$\varnothing\text{Zinssatz der Ford.} = \frac{\text{Zinserträge aus Kredit - und Geldmarktgeschäften}}{\text{Forderungen an Kreditinstitute + Forderungen an Kunden}}$$

Der Durchschnittszinssatz der Verbindlichkeiten ergibt sich analog als Quotient der Zinsaufwendungen und der Summe aus Verbindlichkeiten gegenüber Kreditinstituten und Kunden sowie verbrieften Verbindlichkeiten und nachrangigen Verbindlichkeiten.

Kennzahl 3:

$$\varnothing\text{Zinssatz der Verb.} = \frac{\text{Zinsaufwendungen}}{\begin{array}{c}\text{Verbindlichkeiten gegenüber Kreditinstituten +}\\ \text{Verbindlichkeiten gegenüber Kunden +}\\ \text{Verbriefte Verbindlichkeiten + Nachrangige}\\ \text{Verbindlichkeiten}\end{array}}$$

Der Durchschnittszinssatz der Forderungen liegt bei den Sparkassen bei 5,74% und der der Verbindlichkeiten bei 2,94%. Daraus ergibt sich eine Zinsmarge von 2,80%. Die Werte der einzelnen Sparkassen unterscheiden sich dabei sehr stark. Die Bördesparkasse und die Stadtsparkasse Versmold erreichen eine Zinsmarge von 4,50%, die Stadt- und Saalkreissparkasse Halle dagegen nur auf eine von 0,39%. Tabelle 5 zeigt die Werte für die Sparkasse getrennt nach Bundesländern.

Tabelle 5: Durchschnittszinssätze und Zinsmarge der Sparkassen nach Bundesländern

	∅Zinssatz der Forderungen	∅Zinssatz der Verbindlichkeiten	Zinsmarge
Baden-Württemberg	5,55%	3,09%	2,46%
Bayern	5,70%	2,98%	2,72%
Brandenburg	4,87%	2,16%	2,71%
Bremen	5,85%	3,22%	2,63%
Hamburg	5,67%	3,39%	2,28%
Hessen	5,67%	2,98%	2,69%
Mecklenburg-Vorpommern	6,04%	2,56%	3,48%
Niedersachsen	6,16%	3,19%	2,97%
Nordrhein-Westfalen	5,96%	3,07%	2,89%
Rheinland-Pfalz	5,76%	2,95%	2,81%
Saarland	5,93%	2,88%	3,05%
Sachsen	5,24%	2,25%	2,99%
Sachsen-Anhalt	5,04%	2,32%	2,72%
Schleswig-Holstein	5,88%	3,46%	2,42%
Thüringen	5,76%	2,46%	3,30%
alle Sparkassen	5,74%	2,94%	2,80%

Die Zinsmargen der Sparkassen aus Mecklenburg-Vorpommern und Thüringen liegen deutlich über den Werten der anderen Sparkassen. Insgesamt sind die Werte der ostdeutschen Sparkassen höher als die der westdeutschen. Dies lässt aber nicht unmittelbar auf eine höhere Ertragskraft der ostdeutschen Sparkassen schließen, sondern ist in Verbindung mit der Risikovorsorge zu sehen. Da diese bei den ostdeutschen Sparkassen ebenfalls höher als die der westdeutschen Sparkassen ist, ist die höhere Zinsmarge allein nicht aussagekräftig.

Interessant ist darüber hinaus ein Vergleich von städtischen mit ländlichen Sparkassen. Als ländliche Sparkassen werden hier die Kreissparkassen angesehen, als städtische die Stadtsparkassen. Diese Unterscheidung ist zwar nur sehr bedingt geeignet, zwischen städtischen und ländlichen Sparkassen zu trennen, trotzdem sind die Werte ein Indikator für die Unterschiede zwischen solchen Sparkassen. Die Kreissparkassen erreichen im Durchschnitt eine Zinsmarge von 2,75%, die Stadtsparkassen dagegen nur eine von 2,68%. Ländliche Sparkassen haben somit eine etwas höhere Zinsmarge als

städtische Sparkassen. In Verbindung mit der deutlich geringeren Risikovorsorge ist die Wettbewerbsintensität bei ländlichen Sparkassen somit geringer als die von städtischen Sparkassen.

Tabelle 6 zeigt die Durchschnittszinssätze und die Zinsmargen der Genossenschaftsbanken nach Verbänden.

**Tabelle 6: Durchschnittszinssätze und Zinsmarge der Genossen-
schaftsbanken nach Verbänden**

	ØZinssatz der Forderungen	ØZinssatz der Verbindlich- keiten	Zins- marge
Aktiengesellschaften	5,83%	3,06%	2,77%
Baden	5,87%	2,60%	3,27%
Bayern	5,79%	2,69%	3,10%
Berlin-Hannover	5,94%	2,47%	3,47%
Hessen/Rheinland-Pfalz/Thüringen	5,97%	2,74%	3,23%
Norddeutscher	5,83%	3,07%	2,76%
PSD-Banken	4,67%	3,45%	1,22%
Rheinland	5,75%	3,01%	2,74%
Saarland	5,89%	2,85%	3,04%
Sachsen	6,04%	2,38%	3,66%
Spardabanken	5,45%	3,11%	2,34%
Weser-Ems	6,22%	2,72%	3,50%
Westfalen	6,15%	2,94%	3,21%
Württemberg	6,04%	2,76%	3,28%
Alle Verbände	5,83%	2,83%	3,00%

Auch bei den Genossenschaftsbanken ist die Zinsmarge allein wegen der
unterschiedlichen Kreditrisiken wenig aussagekräftig. Mit Sachsen hat auch
bei den Genossenschaftsbanken eine ostdeutsche Region die höchste Zinsmarge. Die gerinsten Zinsmargen weisen die PSD- und Sparda-Banken aus.
Hier macht sich das Geschäftsmodell bemerkbar, dass dadurch geprägt ist,
nur geringe Ausfallrisiken einzugehen.

3.1.3 Einfluss der Fristentransformation auf die Zinsmarge

Unterstellt man eine normale Zinsstruktur, dann steigt der Zinssatz bei längeren Laufzeiten an. Je stärker die Aktiv- und Passivlaufzeiten auseinander liegen, umso höher ist bei normaler Zinsstruktur auch die Zinsmarge. Zu beachten ist dabei, dass Banken nicht in beliebigem Umfang Fristentransformation betreiben dürfen. In Deutschland begrenzt der Grundsatz II das Ausmaß der Fristentransformation. Mit dem Grundsatz II werden die kurzfristigen Aktiva einer Bank durch die kurzfristigen Passiva begrenzt. Die Begrenzung der Fristentransformation ist vor dem Hintergrund zu sehen, dass bei drehender Zinsstruktur, d. h. kürzere Laufzeiten rentieren höher als längere Laufzeiten, aus einer positiven Zinsmarge ein hoher Verlust wird. Die unterschiedlichen Höhen der Zinsmargen der untersuchten Banken können somit auf ein unterschiedliches Ausmaß an Fristentransformation zurückzuführen sein. Um die Zinsmargen vergleichen zu können, müssen sie risikoadjustiert werden.

Für die Analyse dieser Frage ist problematisch, dass im Jahresabschluss die Restlaufzeiten und nicht die Ursprungslaufzeiten angegeben werden. Damit kann die Fristenstruktur nicht eindeutig nachvollzogen werden. Für Liquiditätsfragen ist dagegen die Angabe der Restlaufzeiten vorteilhaft. Im Jahresabschluss werden nur Restlaufzeiten angegeben. Vorteilhaft wäre die Angabe sowohl der Ursprungs- als auch der Restlaufzeiten.

Es ist deshalb die vereinfachende Annahme zu treffen, dass die Restlaufzeiten die Ursprungslaufzeiten abbilden, so dass mit den angegebenen Werten das Ausmaß der Fristentransformation ermittelt werden kann. Tabelle 7 zeigt die Restlaufzeitengliederung der untersuchten Bankengruppen zum 31.12.2003, wobei bei den Forderungen diejenigen an Kreditinstitute und Kunden berücksichtigt werden. Bei den Verbindlichkeiten wurden diejenigen an Kreditinstitute und Kunden einbezogen.

Zu Analysezwecken werden die Restlaufzeiten in drei Gruppen unterteilt:

- kurze Laufzeiten bis zu einem Jahr,

- längere Laufzeiten von mehr als einem Jahr bis zu fünf Jahren sowie

- lange Laufzeiten von mehr als fünf Jahren.

Tabelle 7: Restlaufzeitengliederung zum 31.12.2003

in Mio. €	Genossenschaftsbanken	Sparkassen
Forderungen	**336.981**	**668.934**
täglich fällig	20.268	19.960
bis 3 Monate	23.477	63.747
3 Monate bis 1 Jahr	24.896	46.512
1 Jahr bis 5 Jahre	84.990	137.018
über 5 Jahre	159.376	349.186
unbestimmt	23.974	52.511
Verbindlichkeiten	**404.083**	**840.372**
täglich fällig	104.245	197.960
bis 3 Monate	187.588	356.709
3 Monate bis 1 Jahr	26.728	59.997
1 Jahr bis 5 Jahre	56.160	133.083
über 5 Jahre	29.362	92.623

Leider werden in den Jahresabschlüssen für längere Restlaufzeiten keine weitergehenden Untergliederungen vorgenommen. Kurze Laufzeiten liefern dagegen keine zusätzlichen Aussagen. Deshalb muss mit den vorliegenden Angaben gearbeitet werden.

Tabelle 8 zeigt die Anteile der drei Gruppen an den jeweiligen Forderungen und Verbindlichkeiten für die Bankengruppen.

Tabelle 8: Anteile der verschiedenen Restlaufzeiten am 31.12.2003

	Genossenschaftsbanken	Sparkassen
Forderungen		
< 1 Jahr	20,4%	19,5%
1 Jahr bis 5 Jahre	25,2%	20,5%
> 5 Jahre	54,4%	60,1%
Verbindlichkeiten		
< 1 Jahr	78,8%	73,1%
1 Jahr bis 5 Jahre	13,9%	15,8%
> 5 Jahre	7,3%	11,0%
Differenz Forderungen zu Verbindlichkeiten in Prozentpunkten		
< 1 Jahr	-58,4	-53,6
1 Jahr bis 5 Jahre	11,3	4,7
> 5 Jahre	47,1	49,1

Bei beiden Bankengruppen zeigt sich das gleiche Bild: Verbindlichkeiten werden überwiegend kurzfristig hereingenommen, d. h. zu Restlaufzeiten bis zu einem Jahr. Auf der Forderungenseite zeigt sich eine andere Fristenstruktur. Kurzfristige Forderungen werden bei allen Banken in deutlich geringerem Ausmaß vergeben als Verbindlichkeiten. Bei langfristigen Forderungen und Verbindlichkeiten dreht sich dieses Verhältnis fast um. Nur im Laufzeitbereich ein bis fünf Jahre liegen die Werte nur gering auseinander. Es zeigt sich somit, dass bei allen Banken eine mehr oder weniger deutliche Fristeninkongruenz besteht.

3.1.4   Konditionen- und Strukturmarge

Um die Zinsmargen der einzelnen Banken direkt miteinander vergleichen zu können, muss eine Risikoadjustierung erfolgen, die die Fristenstruktur berücksichtigt. Zu prüfen ist, wie eine solche Risikoadjustierung vorgenommen werden kann. Analog zur Marktzinsmethode ist eine Aufteilung der Zinsmarge in eine Konditionenmarge und eine Strukturmarge auf Gesamtbankebene möglich (vgl. zur Marktzinsmethode *Hartmann-Wendels / Pfingsten / Weber* (2000), S. 642 ff.). Damit kann die Zinsmarge in einen zinsstrukturrisikolosen und einen zinsstrukturrisikobehafteten Teil untergliedert werden. Ein solcher Ansatz erfordert aber genauere Daten von den

Banken über die Ursprungslaufzeiten und darüber hinaus auch Daten über die Marktzinssätze.

In den Jahresabschlüssen werden diese Informationen nicht angegeben. Um den Einfluss des Fristentransformationsrisikos auf die Zinsmarge trotzdem zu veranschaulichen, wird im Folgenden eine Zinsstruktur angenommen, die für kurzlaufende Forderungen bis 1 Jahr 1% geringere Zinssätze aufweist als für mittelfristige Forderungen mit Laufzeiten von 1 bis 5 Jahren und weitere 1% geringere Zinssätze als für langfristige Forderungen mit Laufzeiten von mehr als 5 Jahren. Bei diesen Werten handelt es sich nach eigenen Berechnungen um die langfristigen Durchschnittswerte nach Quellen der Deutschen Bundesbank (vgl. u. a. *Deutsche Bundesbank* (2002), S. 23). Je nach Bank können sich die tatsächlichen Werte je nach Geschäftspolitik natürlich von diesen Werten unterscheiden.

Durch Multiplikation dieser Zinsunterschiede mit den Laufzeitanteilen erhält man den Strukturmarge der einzelnen Banken, wobei mit den nachfolgenden Forderungen und Verbindlichkeiten die prozentualen Anteile gemeint sind:

Kennzahl 3:

$$\text{Strukturmarge} = \sum \text{Laufzeitanteilsdifferenz} \times \text{Zinsdifferenz}$$

$$= (\text{Forderungen}_{kurz} - \text{Verbindlichkeiten}_{kurz}) \times \text{Zins}_{kurz}$$

$$+ (\text{Forderungen}_{mittel} - \text{Verbindlichkeiten}_{mittel}) \times \text{Zins}_{mittel}$$

$$+ (\text{Forderungen}_{lang} - \text{Verbindlichkeiten}_{lang}) \times \text{Zins}_{lang}$$

$$\text{mit } \text{Zins}_{mittel} = \text{Zins}_{kurz} + \text{Zinsdifferenz}_{kurzmittel}$$

$$\text{Zins}_{lang} = \text{Zins}_{kurz} + \text{Zinsdifferenz}_{kurzlang}$$

Zu prüfen ist die Behandlung der Spareinlagen. Diese werden auch im Grundsatz II nur zu einem Teil in die kurzfristige Laufzeit eingegliedert. Eine unterschiedliche Einstufung ist auch hier möglich, aber nicht objektiv möglich. Deshalb wird hier zur Vergleichbarmachung aller Banken auf die genannte Vorgehensweise zurückgegriffen. Damit wird insbesondere erreicht, dass alle Banken nach der gleichen Vorgehensweise analysiert werden. Bei anderer Einschätzung der Laufzeitgliederung ist insbesondere darauf zu achten, dass alle Banken gleich behandelt werden.

Bei den Genossenschaftsbanken ergibt sich damit eine Strukturmarge von 1,06%. Die Zinsmarge von 3,00% ist danach zu 1,94% auf die Konditionenmarge, also die Differenz zwischen Aktiv- und Passivzins bei Fristenkongruenz (vgl. Kennzahl 4), und zu 1,06% auf die Strukturmarge zurückzuführen.

Bei den Sparkassen ergibt sich die Strukturmarge mit 1,03%. Bei einer Zinsmarge von 2,78% ergibt sich damit eine Konditionenmarge von 1,75%.

Kennzahl 4:

Konditionenmarge = Zinsmarge - Strukturmarge

Diese Werte sind vorsichtig zu interpretieren, da einerseits von Restlaufzeiten und nicht von Ursprungslaufzeiten ausgegangen wird, und andererseits die unterstellte Zinsstrukturkurve der Wirklichkeit natürlich so nicht entsprechen muss. Wenn die Spareinlagen anders als hier eingestuft in die längeren Laufzeitbänder eingegliedert würde, würde sich die Konditionenmarge erhöhen und die Strukturmarge in der gleichen Höhe verringern. Die absoluten Abstände zwischen den Banken würden danach gleich bleiben, nur das Gewicht der Konditionenmarge auf Kosten der Strukturmarge steigen.

Aus den Daten lässt sich interpretieren, dass die Zinsmarge der Genossenschaftsbanken nur zu einem geringen Teil als die der Sparkassen Zinsstrukturrisikobehaftet ist. Um eine noch genauere Vergleichbarkeit zu erreichen, ist die Zinsmarge noch um die Risikokosten zu korrigieren. Dies geschieht in Kapitel 3.2.

3.1.5 Analyse der einzelnen Genossenschaftsbanken und Sparkassen

Die Zinsmarge und daraus abgeleitet die Konditionen- und Strukturmarge
werden für die einzelnen Genossenschaftsbanken und Sparkassen berechnet. Die ermittelten Werte zeigen die sehr unterschiedliche Zinsstrukturpoli-
tik der einzelnen untersuchten Banken. Beispielhaft werden nachfolgend die
Ergebnisse für die Sparkassen gezeigt.

Die Sparkasse Mansfelder Land erreicht mit einer Strukturmarge von
0,25% den geringsten Wert aller Sparkassen, die Stadtsparkasse Wedel mit
1,39% den höchsten Wert. Abbildung 4 zeigt die Konditionenmarge und die
Strukturmarge der untersuchten Sparkassen.

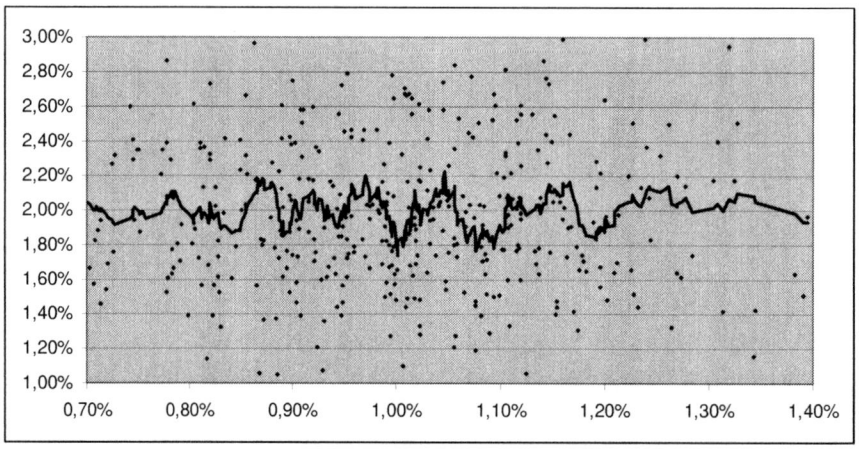

**Abbildung 4:   Konditionen- und Strukturmarge der untersuchten Sparkas-
sen und 20-periodisch gleitender Durchschnitt**

Der gleitende Durchschnitt in Abbildung 4 zeigt, dass Strukturmarge und
Konditionenmarge bei den Sparkassen unabhängig voneinander sind. Die
Korrelation zwischen diesen Kennzahlen beträgt auch nur -0,04. Das Ausmaß an Fristentransformation nimmt nicht mit sinkender Konditionenmarge
zu, was man hätte erwarten können. Abbildung 5 zeigt den Zusammenhang
zwischen Strukturmarge und Grundsatz II-Kennziffer.

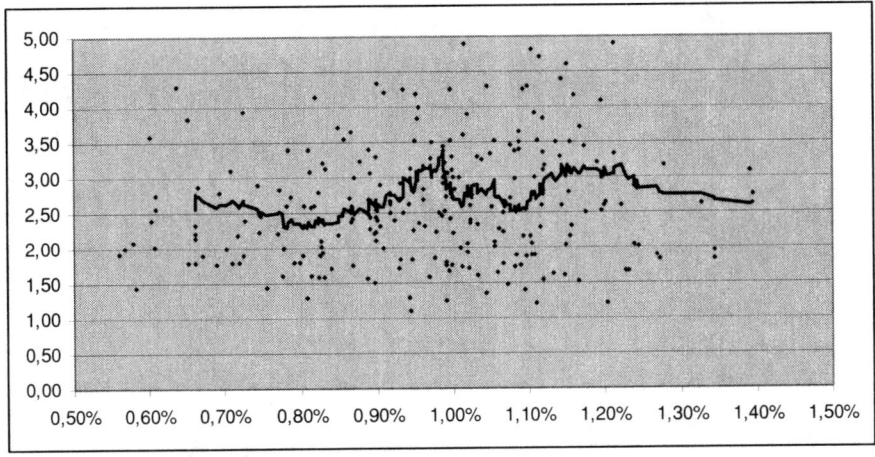

Abbildung 5:   Zusammenhang zwischen Strukturmarge und Grundsatz II-Kennziffer und 20-periodisch gleitender Durchschnitt

Da der Grundsatz II das Ausmaß an Fristentransformation begrenzen soll, könnte hier ein Zusammenhang vermutet werden. Auch hier zeigt sich aber kein Zusammenhang, stattdessen sind Strukturmarge und Grundsatz II-Kennziffer unabhängig voneinander (vgl. Abbildung 5). Die Korrelation beträgt 0,07. Dies könnte darauf zurückzuführen sein, dass die Grundsatz II-Kennziffer nur das kürzeste Laufzeitband betrachtet und nicht die längeren.

3.1.6 Ergebnis

Das Zinsergebnis der Genossenschaftsbanken und Sparkassen kann relativ genau analysiert werden. Für die Zerlegung der Zinsmarge in Konditionen- und Strukturmarge sind Prämissen notwendig, die allerdings – da für alle Banken gleich angewendet – im direkten Vergleich zwischen einzelnen Banken oder auch Bankengruppen unproblematisch sind.

3.2 Risikovorsorge

Das Zinsergebnis ist für sich allein genommen aussagelos, da in der Konditionenmarge Aufschläge für Ausfallrisiken enthalten sind. Während die Strukturmarge allein durch Spekulationen am Kapitalmarkt erwirtschaftet werden kann, geht die Konditionenmarge im Regelfall mit einem Ausfallrisiko einher. Tabelle 9 zeigt beispielhaft die Ausfallraten der verschiedenen Ratings von Moody´s.

Tabelle 9:   **Moody´s Ratings 1970-1998 (in % in Abhängigkeit des Ratings und der Laufzeit)[27]**

	1 J.	2 J.	3 J.	4 J.	5 J.	6. J.	7 J.	8 J.	9 J.	10 J.
Aaa	0,00	0,00	0,00	0,04	0,14	0,24	0,35	0,47	0,61	0,77
Aa	0,03	0,04	0,09	0,23	0,36	0,50	0,64	0,80	0,91	0,99
A	0,01	0,06	0,20	0,35	0,50	0,68	0,85	1,05	1,29	1,55
Baa	0,12	0,38	0,74	1,24	1,67	2,14	2,67	3,20	3,80	4,39
Ba	1,29	3,60	6,03	8,51	11,1	13,4	15,2	17,1	18,9	20,63
B oder schlechter	6,47	12,8	18,5	23,3	27,7	31,6	35,0	38,0	40,7	43,91

Da mit höheren Risiken höhere Konditionenmargen einhergehen (sollten), muss die Konditionenmarge im Zusammenhang mit der Risikovorsorge betrachtet werden. Zu diesem Zweck ist die Risikovorsorge aufzubereiten.

Während die Risikovorsorge nach IFRS nur die Bewertung der Forderungen enthält, umfasst die Risikovorsorge nach HGB weitere Bestandteile:

- die Bewertung der Wertpapiere der Liquiditätsreserve und

- die Veränderung der Vorsorgereserven nach § 340f HGB.

Abbildung 6 zeigt die Bestandteile der Risikovorsorge nach HGB.

---

[27]   Quelle: Moody´s Investors Service (1999), S. 26, in: Hirszowicz / Jovic (2000), S. 12.

„Abschreibungen und Wertberichtigungen auf Forderungen und bestimmte Wertpapiere sowie Zuführungen zu Rückstellungen im Kreditgeschäft" GuV-Position 13	„Erträge aus Zuschreibungen zu Forderungen und bestimmten Wertpapieren sowie aus der Auflösung von Rückstellungen im Kreditgeschäft" GuV-Position 14
Kreditgeschäft •Globalabschreibungen auf Forderungen •Abschreibungen auf Forderungen •Zuführungen zu Rückstellungen für Eventualverbindlichkeiten und für Kreditrisiken	**Kreditgeschäft** •Auflösungen von Globalabschreibungen auf Forderungen •Zuschreibungen zu Forderungen •Auflösungen von Rückstellungen für Eventualverbindlichkeiten und für Kreditrisiken •Eingänge von (ganz oder teilweise abgeschriebenen Forderungen)
Wertpapierbereich (Wertpapiere der Liquiditätsreserve) •Globalabschreibungen auf Wertpapiere •Abschreibungen buchmäßiger Kursverluste auf Wertpapiere •realisierte Kursverluste	**Wertpapierbereich (Wertpapiere der Liquiditätsreserve)** •Auflösungen von Globalabschreibungen auf Wertpapiere •Zuschreibungen zu Wertpapieren •realisierte Kursgewinne

Saldo

Abbildung 6: **Überkreuzkompensation nach § 340f Abs. 3 HGB (Quelle: Bieg (1998), S. 375)**

Um eine auf die Forderungen bezogene Risikovorsorge zu ermitteln, ist die Überkreuzkompensation in der GuV um die Bewertung der Wertpapiere und die Veränderung der Vorsorgereserven zu korrigieren.

3.2.1 Aufbereitung der Risikovorsorge: Bereinigung um die Vorsorgereserven nach § 340f HGB und die Wertpapiere der Liquiditätsreserve

Die Bewertung der Wertpapiere der Liquiditätsreserve ist Teil der Überkreuzkompensation, hat aber nichts mit der Risikovorsorge im Kreditgeschäft zu tun. Um die Risikovorsorge aus der Überkreuzkompensation zu extrahieren, sind die Effekte der Wertpapiere der Liquiditätsreserve zu eliminieren.

Wertpapiere lassen sich bei Banken nach HGB allgemein in drei Kategorien einteilen:

- Wertpapiere des Anlagebestandes,

- Wertpapiere der Liquiditätsreserve und

- Wertpapiere des Handelsbestandes.

Die Einteilung ist extern im Regelfall nicht nachvollziehbar, da nur die Wertpapiere des Anlagebestandes durch den Ausweis im Anlagevermögen im Anlagenspiegel anzugeben sind. Wertpapiere der Liquiditätsreserve und des Handelsbestandes müssen dagegen nicht angegeben werden.

Ein Indikator für die Aufteilung der Wertpapiere in die verschiedenen Kategorien stellen die Genossenschaftsbanken dar, die die Aufteilung freiwillig angeben. Dies wird von 503 der untersuchten Genossenschaftsbanken vorgenommen. 84% der Wertpapiere werden danach in die Liquiditätsreserven eingestuft, 15% in das Anlagevermögen und nur 1% in den Handelsbestand. Somit lässt sich festhalten, dass Wertpapiere fast ausschließlich in die Liquiditätsreserve eingestellt werden und somit die Bewertung fast ausschließlich Teil der Überkreuzkompensation ist.

Da die Risikovorsorge im Kreditgeschäft nur im Zeitablauf analysierbar ist – einzelne Jahre sind durch Großausfälle oder konjunkturelle Entwicklungen verzerrt – ist zu hinterfragen, ob die Wertpapiere der Liquiditätsreserve über einen längeren Zeitraum Einfluss auf die Überkreuzkompensation haben. Aufgrund des Niederstwertprinzips und des Realisationsprinzips entstehen Wertveränderungen bei Schuldverschreibungen nur bei vorzeitigem Verkauf, der nicht zum Kaufpreis erfolgt. Sofern nicht stark spekuliert wird – was aufgrund des geringen Handelsbestandes bezweifelt werden kann – dürften die Wertveränderungen der Liquiditätsreserve die Überkreuzkompensation über einen längeren Zeitraum nicht beeinflussen. Deshalb wird im Folgenden davon ausgegangen, dass in der Überkreuzkompensation keine Bewertungseinflüsse der Wertpapiere der Liquiditätsreserve enthalten sind. Bei Betrachtung eines längeren Zeitraums erscheint diese Prämisse als stichhaltig.

Es verbleibt damit das Problem der Vorsorgereserven. Bevor die Grundlagen der Vorsorgereserven dargestellt und die Möglichkeit eines Nachweises untersucht wird, erfolgt zunächst eine Einordnung der Vorsorgereserven. Vorsorgereserven dürfen aufgrund eines Mitgliedsstaatenwahlrechtes in der

EG-Bankbilanzrichtlinie gebildet werden. Voraussetzung für die Erlaubnis der stillen Bildung ist die gleichzeitige offene Reservenbildung im § 340g HGB, was gemäß Art. 38 der EG-Bankbilanzrichtlinie zwingende Notwendigkeit zur Beibehaltung der stillen Vorsorge war.[28]

Vorsorgereserven lassen sich als eine besondere Form stiller Reserven systematisieren, die es nur bei Banken gibt.[29] Einen ähnlichen Charakter wie die Vorsorgereserven haben auch die Reserven nach § 26a KWG alter Fassung,[30] die in Vorsorgereserven nach § 340f HGB umgewandelt werden dürfen.

Durch die Bestimmungen des § 340f HGB wird es Banken ermöglicht, willkürlich einen niedrigeren als den in § 253 Abs. 1 Satz 1 und Abs. 3 HGB vorgeschriebenen Wert für bestimmte Bilanzpositionen anzusetzen. Auf diese Weise werden Banken in die Lage versetzt, bilanzpolitische stille Reserven aufzubauen. Die Notwendigkeit stiller Vorsorgereserven ist in der Literatur umfassend diskutiert worden und wird mittlerweile verneint.[31] Steuerlich werden sie nicht anerkannt.

Vorsorgereserven dürfen nicht auf alle Bilanzpositionen gebildet werden, sondern nur auf Forderungen an Kreditinstitute und Kunden sowie Wertpapiere der Liquiditätsreserve.[32] Dabei darf die Höhe der Vorsorgereserven 4% des Gesamtbetrages der Forderungen und Wertpapiere der Liquiditätsreserve, der sich gemäß § 253 Abs. 1 Satz 1 und Abs. 3 HGB ergibt, nicht überschreiten.[33] Strittig ist, ob für gebildete Vorsorgereserven ein Beibehaltungswahlrecht besteht. *Büschgen* geht davon aus, dass Vorsorgereserven beibehalten werden dürfen, wenn zukünftig die Höchstgrenze von 4% überschritten ist, weil sich die Bemessungsgrundlage verringert hat.[34] *Krumnow et al.* gehen hingegen davon aus, dass die Obergrenzenregelung des § 340f Abs. 1 Satz 2 HGB vor dem Beibehaltungswahlrecht des § 340f Abs. 2 Satz 1 HGB Vorrang hat und somit die 4%-Grenze immer einzuhalten ist.[35] Gemäß *Prahl* ist die 4%-Grenze praktisch irrelevant, weil die Bemessungs-

---

[28] Vgl. Bieg (1998), S. 484.
[29] Zur Systematik stiller Reserven vgl. Hölscher (1995), S. 45 ff., Rudolph (1991), S. 76 ff.
[30] Vgl. beispielsweise Prahl (1991), S. 438.
[31] Vgl. zu der Diskussion Birck/Meyer (1989), S. V 306 ff.; Bieg (1986a); Bieg (1986b); Bieg (1998), S. 453 ff. Vgl. darüber hinaus Bryant (1980), S. 335 ff.; Fischer (1956), S. 335 f.; Hartmann (1989), S. 1938 ff.; Meyer (1991), S. 225 ff.; Schütz (1987), S. 100 ff.; Süchting (1981), S. 207 ff.; Tochtermann (1980), S. 137.
[32] § 340f Abs. 1 Satz 1 HGB.
[33] § 340f Abs. 1 Satz 2 HGB.
[34] Vgl. Büschgen (1998), S. 832.
[35] Vgl. Krumnow et al. (1994), S. 532.

grundlage so groß ist, dass bei Erreichen der 4%-Regel häufig mehr Vorsorgereserven vorhanden wären als bilanzielles Eigenkapital.[36] Für die weitere Untersuchung spielt diese Grenze deshalb keine Rolle.

Die Nichtbeachtung der Vorsorgereserven kann zu erheblichen Verzerrungen führen,[37] da es sich wirtschaftlich um Eigenkapital handelt und es sich bei einer Veränderung faktisch um eine Gewinnverwendung handelt.[38] Insbesondere die Ermittlung der Vorsorgereserven nach § 340f HGB stellt deshalb ein wesentliches Problem bei der Bankbilanzanalyse dar.[39] Sie müssen in der Bankbilanzanalyse besonders beachtet werden.[40] Dies ist insbesondere vor dem Hintergrund von Interesse, dass ein Aufdecken dieser bilanzpolitischen stillen Reserven bei Kreditinstituten in der Vergangenheit als fast unmöglich bezeichnet wurde. So führt stellvertretend[41] *Bieg* aus: „Damit ist der externe Jahresabschlussleser weitgehend auf Schätzungen, eher noch auf Vermutungen und Spekulationen angewiesen. Die in der Literatur teilweise vorzufindenden Zahlenangaben über die Höhe der stillen Vorsorgereserven lassen sich nicht beurteilen, da die bei der Ermittlung angewandten Methoden unbekannt sind".[42]

Zur Ermittlung der als haftendes Eigenkapital angerechneten Vorsorgereserven wird in Kapitel 4.2.2.7 ein gesondertes Verfahren herangezogen. Hier ist es Ziel, die in einem Jahr gebildeten bzw. aufgelösten Vorsorgereserven zu identifizieren.

Ansatzpunkt ist die steuerliche Nichtanrechnungsfähigkeit der Vorsorgereserven. Wenn sich über die Totalperiode alle Unterschiede zwischen Steu-

---

[36] Vgl. Prahl (1991), S. 439.

[37] Beispielsweise führt eine Nichtbeachtung der Vorsorgereserven bei einer Unternehmensbewertung zu fehlerhaften Ergebnissen. So bestimmte das Karl-Bräuer-Institut des Bundes der Steuerzahler den Wert aller Sparkassen mit Hilfe der Ertragswertmethode 1993 auf Basis des Jahresüberschusses ohne Berücksichtigung der Vorsorgereserven auf 115 Mrd. DM. Vgl. Karl-Bräuer-Institut des Bundes der Steuerzahler (1994), S. 111. Vgl. zu dieser Diskussion auch Kohlhof / Wilke (1997), S. 50 ff.; Werner / Padberg (1998).

[38] Aufgrund des Eigenkapitalcharakters dürfen Vorsorgereserven nach IAS nicht gebildet werden. Vgl. auch Bellavite-Hövermann / Prahl (1997), S. 27 ff. Zur Einstufung der Bankbilanzen am Kapitalmarkt aufgrund bilanzpolitischer stiller Reserven vgl. Keller / Möller (1992), S. 169 ff. Zur internationalen Vergleichbarkeit der Bilanzierungsvorschriften und ihrer Auswirkungen auf das bankaufsichtsrechtliche Eigenkapital vgl. Krumnow (1989), S. 476.

[39] Vgl. Glocker (1990), S. 159.

[40] Vgl. Lotz (1992), S. 669.

[41] Vgl. beispielsweise auch Erdland (1981), S. 266; Hölscher (1995), S. 52 f.; Lotz (1992), S. 669.

[42] Bieg (1998), S. 448.

er- und Handelsbilanz aufheben, so bleiben als Differenz nur die Vorsorgereserven übrig. Bei der Betrachtung einzelner Jahre können natürlich auch
andere Unterschiede greifen, so dass sich hier die gebildeten/aufgelösten
Vorsorgereserven nur schwer ermitteln lassen. Wenn aber mehrere Jahre
analysiert werden – was bei der Risikovorsorge aufgrund der einmaligen
Effekte aus konjunturellen Entwicklungen und einmaligen Großeffekten
sowieso notwendig ist – können die Vorsorgereserven aus der Überkreuzkompensation extrahiert werden.

Das steuerliche Ergebnis lässt sich aus dem Ertragsteueraufwand berechnen. Bei einem Körperschaftsteuersatz von 25% und einem angenommenen
Gewerbesteuerhebesatz von 400% ergibt sich ein Gesamtsteuersatz von
40%. Dieser wird im Folgenden für die Berechnung der steuerlichen Ergebnisse der Genossenschaftsbanken und Sparkassen verwendet. Die Differenz
zwischen steuerlichem und handelsrechtlichem Ergebnis (Ergebnis der
normalen Geschäftstätigkeit) muss damit aus der Bildung/Auflösung von
Vorsorgereserven stammen.

3.2.2 Kennzahlen zur Risikovorsorge

Zur Risikovorsorge lassen sich folgende Kennzahlen berechnen:

- die Nettozuführungsquote,

- die Ausfallquote sowie

- die Bestandsquote.

Die Nettozuführungsquote gibt an, in welcher Höhe relativ zum Kreditvolumen Risikovorsorge neu gebildet werden musste. Als Nettozuführung
wird die Differenz aus den Bruttozuführungen und den Auflösungen von
Wertberichtigungen und Rückstellungen im Kreditgeschäft inkl. Eingängen
auf abgeschriebene Forderungen verstanden.

Der Aussagegehalt der Nettozuführungsquote eines einzigen Jahres ist relativ begrenzt, da beispielsweise zu hohe Zuführungen in den vorangegangenen Jahren zu Auflösungen im betreffenden Jahr führen, wodurch die Nettozuführungsquote im Zeitablauf sinkt. Umgekehrt führen zu geringe Zuführungen der Vergangenheit zu steigenden Zuführungen in der Zukunft,

um die entstehende Lücke zu schließen. Aus diesem Grunde ist die Nettozuführungsquote im Zeitablauf zu analysieren.

Mit der Ausfallquote wird das Verhältnis von tatsächlichen Ausfällen zum
Kreditvolumen gebildet. Die tatsächlichen Ausfälle ergeben sich dabei
durch Subtraktion der Eingänge auf abgeschriebene Forderungen von der
Position Inanspruchnahme von bestehenden Wertberichtigungen und Rückstellungen. Im Gegensatz zur Nettozuführungsquote ist die Ausfallquote
zum großen Teil nicht in der betrachteten Periode ergebniswirksam, denn
die Kreditausfälle hatten in einer vorangegangenen Periode in Form einer
Zuführung zu Aufwand geführt.

Die Bestandsquote – auch Risikoquote genannt - zeigt an, für welchen Teil
des Kreditvolumens Risikovorsorge getroffen wurde.

Für eine externe Analyse der Risikovorsorge sind alle drei Kennzahlen von
Interesse. Nach HGB sind Ausfallquote und Bestandsquote – im Unterschied zu den IFRS – aber nicht berechenbar, da notwendige Angaben fehlen. Insofern muss auf die Nettozuführungsquote zurückgegriffen werden,
deren Entwicklung im Zeitablauf zu analysieren ist.

3.2.3 Ermittlung und Analyse der Risikovorsorge für die Genossen-schaftsbanken und Sparkassen

Aus der in den vorherigen Kapiteln dargestellten Vorgehensweise wird die
Risikovorsorge für die einzelnen Genossenschaftsbanken und Sparkassen
berechnet und im nächsten Schritt analysiert. Über alle Sparkassen liegt der
Ertragsteueraufwand in 2003 bei 2.966 Mio. € und damit das steuerliche
Ergebnis bei 2.966 Mio. € / 0,4 = 7.415 Mio. €. Bei einem handelsrechtlichen Ergebnis von 4.746 Mio. € haben die Sparkassen somit 2.669 Mio. €
Vorsorgereserven neu gebildet, sofern keine anderen Unterschiede zwischen Handels- und Steuerbilanz existierten. Für die Vorjahre sind die Werte in Tabelle 10 dargestellt.

Tabelle 10: Handelsrechtliches und steuerliches Ergebnis der Sparkassen 1999 bis 2003

in Mio. €	Handelsrechtliches Ergebnis	Steuerliches Ergebnis	Differenz
1999	5.499	8.041	2.542
2000	4.982	6.939	1.957
2001	3.638	4.067	429
2002	2.986	3.627	641
2003	4.730	7.395	2.665
Summe			12.535

Nach diesen Werten lag das steuerliche Ergebnis in allen Jahren seit 1999 deutlich über dem handelsrechtlichen Ergebnis. Selbst in den Jahren 2001 und 2002, in denen die Sparkassen einen Ergebniseinbruch verkraften mussten, konnten über die gesamte Organisation noch Vorsorgereserven gebildet werden.

Das gleiche Bild ergibt sich, wenn man die Genossenschaftsbanken betrachtet, wie Tabelle 11 zeigt.

Tabelle 11: Handelsrechtliches und steuerliches Ergebnis der Genossenschaftsbanken 1999 bis 2003

in Mio. €	Handelsrechtliches Ergebnis	Steuerliches Ergebnis	Differenz
1999	1.824	2.235	411
2000	1.519	1.689	170
2001	1.209	1.563	354
2002	1.305	1.632	327
2003	2.318	3.124	806
Summe			2.962

Auch bei den Genossenschaftsbanken liegt das handelsrechtliche Ergebnis in jedem Jahr deutlich unter dem steuerlichen Ergebnis. Insofern müssen auch die Genossenschaftsbanken über die Jahre umfangreiche Vorsorgereserven gebildet haben.

Um die ermittelten Vorsorgereserven ist die Risikovorsorge in den jeweiligen Jahren zu korrigieren.

Kennzahl 5:

Kalkulatorische Risikovorsorge = Überkreuzkompensation + (Steuerliches Ergebnis - Handelsrechtliches Ergebnis)

Damit ergeben sich die in Tabelle 12 dargestellten Werte für die Risikovorsorge.

Tabelle 12: **Kalkulatorische Risikovorsorge nach Korrektur um Vorsorgereserven**

in Mio. €	Genossenschaftsbanken	Sparkassen
1999	1.624	779
2000	1.735	3.740
2001	1.901	4.739
2002	3.097	6.632
2003	1.781	2.620

Diese Werte sind für sich allein genommen nicht aussagefähig, sondern müssen normiert werden. Hierzu wird die kalkulatorische Risikovorsorge in Relation zum Kreditvolumen gestellt (Nettozuführungsquote). Das Kreditvolumen wird dabei durch die Forderungen an Kunden abgebildet. Forderungen an Kreditinstitute sind im Regelfall Ausfallrisikoarm, da der überwiegende Teil der Forderungen gegen Verbundunternehmen wie die Landesbanken/Zentralbanken bestehen.

Kennzahl 6:

$$\text{Nettozuführungsquote} = \frac{\text{Kalkulatorische Risikovorsorge}}{\text{Forderungen an Kunden}}$$

Die Nettozuführungsquoten sind in Tabelle 13 dargestellt.

Tabelle 13: **Nettozuführungsquote der Genossenschaftsbanken und Sparkassen 1999 bis 2003**

in Mio. €	Genossenschaftsbanken		Sparkassen	
	Forderungen an Kunden	Nettozufüh-rungsquote	Forderungen an Kunden	Nettozufüh-rungsquote
1999	256.997	0,63%	537.025	0,15%
2000	261.255	0,30%	563.310	0,66%
2001	272.560	1,37%	609.253	0,78%
2002	281.824	0,86%	621.520	1,07%
2003	283.509	0,63%	587.531	0,45%
Durchschnitt		0,76%		0,62%

Wie die Werte zeigen, schwankt die Nettozuführungsquote im Zeitablauf sehr stark. Im Durchschnitt der letzten fünf Jahre liegt sie bei den Genossenschaftsbanken mit 0,76% über der der Sparkassen mit 0,62%. Während die Quote bei den Genossenschaftsbanken in 2001 und 2002 deutlich über dem Durchschnitt liegt, ist der Wert bei den Sparkassen in 2000 bis 2002 über dem Durchschnitt. Die konjunkturelle Lage hat somit dazu geführt, dass die Quote insbesondere in 2001 und 2002 deutlich angestiegen ist. Der Vorteil des Durchschnittswertes ist darin zu sehen, dass er die unterschiedlichen konjunkturellen Lagen und mögliche bilanzpolitische Instrumente glättet. Der Durchschnittswert ist damit ein guter Schätzer für die Risikovorsorge in der Zukunft.

3.2.4 Ergebnis

Die Risikovorsorge ist in Verbindung mit der Konditionenmarge zu sehen. Diese liegt in 2003 bei den Genossenschaftsbanken bei 1,94% und bei den Sparkassen bei 1,75%. Nach Risikovorsorge liegt die Konditionenmarge bei den Genossenschaftsbanken bei 1,18% und bei den Sparkassen bei 1,13%.

Kennzahl 7:

Konditionenmarge nach Risikovorsorge = Konditionenmarge – durchschnittliche Nettozuführungsquote

---

Diese Werte sind wiederum nicht allein aussagekräftig, sondern sind in Verbindung mit den Verwaltungsaufwendungen zu sehen. Die Konditionenmarge nach Risikovorsorge muss mit den anderen operativen Erträgen die Verwaltungsaufwendungen übertreffen. Ansonsten wäre es für die Banken rentabler, ausschließlich mit der Strukturmarge zu operieren.

Insgesamt ist die Konditionenmarge nach Risikovorsorge bei den Genossenschaftsbanken etwas höher als bei den Sparkassen. Der Unterschied ist aber relativ gering, so dass nicht von klaren Vorteilen der Genossenschaftsbanken ausgegangen werden kann.

3.3 Provisionsergebnis

Ein bedeutender Ertragsbestandteil ist das Provisionsergebnis. Bei der Deutschen Bank übersteigt das Provisionsergebnis beispielsweise bereits den Zinsüberschuss. Sowohl bei den Genossenschaftsbanken als auch den Sparkassen ist der Zinsüberschuss weitaus höher als das Provisionsergebnis, gleichwohl ist das Provisionsergebnis häufig entscheidend für das Ergebnis.

Problematisch ist die Analyse des Provisionsergebnisses, da es einerseits aus verschiedenen Teilen besteht, deren Höhe aber nicht separat im Abschluss angegeben werden müssen, andererseits aber auch Normierungen des Provisionsergebnisses nicht möglich sind. Das Provisionsergebnis wird zwar häufig in Bezug zur Bilanzsumme gestellt, dies ist aber nicht sachgerecht, da ein Zusammenhang zwischen Bilanzsumme – also im Wesentlichen Kreditvolumen und Schuldverschreibungen – und Provisionsergebnis nicht einsichtig ist. Es handelt sich hierbei eher um den Versuch, eine Normierung durchzuführen, da andere Normierungsgrößen nicht existieren. Dafür wird aber eine unsinnige Kennzahl in Kauf genommen. Grundvoraussetzung für Kennzahlen ist, dass Zähler und Nenner stets in einem sinnvollen Zusammenhang stehen müssen.[43] Da dieser Zusammenhang zwischen Provisionsergebnis und Bilanzsumme nicht besteht, ist die Grundvoraussetzung für Kennzahlen nicht erfüllt. Es muss somit eine andere Analyseform gefunden werden.

3.3.1 Bestandteile des Provisionsergebnisses und Angaben im Jahresabschluss

Die Provisionserträge beinhalten Erträge aus den folgenden Bereichen:

- Zahlungsverkehr,

- Außenhandelsgeschäft,

- Wertpapiergeschäft,

- Depot- und Verwahrgeschäft,

- Treuhandkredit- und Verwaltungskreditgeschäft,

- der Veräußerung von Devisen, Sorten und Edelmetallen,

- der Vermittlung von Kredit-, Spar-, Bauspar- und Versicherungsverträgen,

- dem Avalgeschäft,

- der Kreditbearbeitung sowie

- anderen Dienstleistungsbereichen.[44]

---

[43] Vgl. Coenenberg (2003), S. 935.
[44] Vgl. Bieg (1998), S. 342 ff.

Diese Bestandteile werden aber – wie bereits oben gesagt – nicht im Jahres-abschluss aufgegliedert. Tatsächlich gibt es keine Anhangvorschriften, aus denen die Bestandteile des Provisionsergebnisses separat analysiert werden könnten.

Stattdessen ist man auf freiwillige Angaben angewiesen. Während die Sparkassen hier fast keine Angaben machen, geben viele Genossenschafts-banken freiwillig folgende Unterscheidung an:

- Erträge aus Wertpapierdienstleistungs- und Depotgeschäften,

- Vermittlungserträge sowie

- Erträge aus Zahlungsverkehr.

Diese Angaben werden von immerhin 506 Genossenschaftsbanken ge-macht.

3.3.2 Kennzahlen zur Analyse des Provisionsergebnisses

Als Normierung für das Provisionsergebnis bietet sich extern nur die Mitar-beiterzahl an. Die Kennzahl Provisionserträge pro Vollzeitmitarbeiter zeigt dabei an, welche Provisionserträge ein Mitarbeiter in dem betrachteten Jahr erwirtschaftet hat. Teilzeitmitarbeiter lassen sich nicht berücksichtigen, da sie in den Jahresabschlüssen unterschiedlich berechnet werden (Teilzeitmit-arbeiter nach Köpfen, Teilzeitmitarbeiter umgerechnet auf Vollzeitmitarbei-ter).

Kennzahl 8:

$$\text{Provisionserträge pro Vollzeitmitarbeiter} = \frac{\text{Provisionserträge}}{\text{Vollzeitmitarbeiter}}$$

Entscheidender Vorteil der Kennzahl ist die Vergleichbarkeit der Banken untereinander. Je höher die Provisionserträge pro Vollzeitmitarbeiter sind, umso erfolgreicher ist die Bank im Provisionsgeschäft – dies lässt sich aus den Provisionserträgen pro Bilanzsumme dagegen nicht ablesen. Nachteilig ist dagegen, dass auch die Effizienz einen großen Einfluss auf die Kennzahl hat. Je geringer die Effizienz der Banken ist, umso mehr Mitarbeiter sind für die Erbringung des Geschäftes nicht notwendig, umso geringer sind die Provisionserträge pro Vollzeitmitarbeiter. Insofern hat eine Normierung auf die Vollzeitmitarbeiter bei effizientem Mitteleinsatz zu erfolgen.

Bei den Genossenschaftsbanken, die ihre Provisionserträge unterteilen, sind darüber hinaus noch die folgenden Kennzahlen berechenbar:

Kennzahl 9:

$$\text{Erträge aus Wertpapierdienstleistungs- und Depotgeschäften pro Vollzeitmitarbeiter} = \frac{\text{Erträge aus Wertpapierdienstleistungs - und Depotgeschäften}}{\text{Vollzeitmitarbeiter}}$$

Kennzahl 10:

$$\text{Vermittlungserträge pro Vollzeitmitarbeiter} = \frac{\text{Vermittlungserträge}}{\text{Vollzeitmitarbeiter}}$$

Kennzahl 11:

$$\text{Erträge aus Zahlungsverkehr pro Vollzeitmitarbeiter} = \frac{\text{Erträge aus Zahlungsverkehr}}{\text{Vollzeitmitarbeiter}}$$

Diese geben einen genaueren Einblick in das Provisionsgeschäft und können die jeweiligen Stärken/Schwächen der einzelnen Banken genauer zeigen.

3.3.3 Analyse der Genossenschaftsbanken und Sparkassen

Die Provisionserträge pro Vollzeitmitarbeiter liegen bei den Sparkassen bei 31.535 €, bei den Genossenschaftsbanken bei 35.086 €. Somit können die Genossenschaftsbanken rund 10% mehr Erträge aus dem Provisionsgeschäft realisieren als die Sparkassen.

Die Tabellen Tabelle 14 und Tabelle 15 zeigen die Provisionserträge getrennt nach den jeweiligen Verbänden bzw. Bundesländern.

Tabelle 14: Provisionserträge pro Vollzeitmitarbeiter nach Genossenschaftsverbänden

in €	Provisionserträge pro Vollzeitmitarbeiter
Aktiengesellschaften	42.212
Baden	38.804
Bayern	31.128
Berlin-Hannover	35.887
Hessen/Rheinland-Pfalz/Thüringen	33.125
Norddeutscher	37.299
PSD	9.489
Rheinland	44.123
Saarland	30.530
Sachsen	38.849
Spardabanken	25.045
Weser-Ems	38.260
Westfalen	36.493
Württemberg	35.406

**Tabelle 15: Provisionserträge pro Vollzeitmitarbeiter bei Sparkassen
nach Bundesländern**

in €	Provisionserträge pro Vollzeitmitarbeiter
Baden-Württemberg	30.415
Bayern	27.727
Brandenburg	31.591
Bremen	45.780
Hamburg	60.565
Hessen	31.917
Mecklenburg-Vorpommern	34.144
Niedersachsen	29.481
Nordrhein-Westfalen	33.352
Rheinland-Pfalz	27.438
Saarland	25.519
Sachsen	32.707
Sachsen-Anhalt	30.043
Schleswig-Holstein	33.605
Thüringen	30.463

Auffallend sind die Werte für Hamburg und Bremen bei den Sparkassen
und PSD bei den Genossenschaftsbanken. Hamburg und Bremen haben
durch die städtischen Strukturen höhere Erträge pro Vollzeitmitarbeiter als
die anderen Bundesländer, die PSD Banken aufgrund der Geschäftspolitik
geringere als die anderen Genossenschaftsverbände. Diese Werte sind somit
nicht besonders gut oder schlecht, sondern mit der jeweiligen Situation zu
begründen.

Ansonsten ergibt sich ein ähnliches Bild wie bei der Betrachtung im Bun-
desdurchschnitt: In jedem Verband/Bundesland liegen die Genossenschaftsbanken vor den Sparkassen. Die Ausnahme ist Sachsen, wo die
Sparkassen leicht vor den Genossenschaftsbanken liegen.

Wie sind diese Daten nun zu bewerten? Sind die Genossenschaftsbanken im
Provisionsgeschäft stärker als die Sparkassen? Zunächst ist zu beachten,
dass das Provisionsgeschäft im Verbundgeschäft mit Gruppeneigenen Unternehmen erfolgt. Unterschiedliche Provisionshöhen für das gleiche Geschäft können die Kennzahl damit wesentlich beeinflussen. Inwieweit dies
der Fall ist, lässt sich extern nicht feststellen. Darüber hinaus ist die Geschäftspolitik entscheidend für die Kennzahl. Kosten der Kreditbearbeitung

können beispielsweise direkt in die Zinsen einkalkuliert werden, aber auch in den Provisionserträgen ausgewiesen werden. Damit können sich die Provisionserträge pro Vollzeitmitarbeiter natürlich deutlich unterscheiden.

Dies macht sich bei den Erträgen aus Zahlungsverkehr bemerkbar. Tabelle 16 zeigt die Werte für die Genossenschaftsbanken, die eine Unterteilung der Provisionserträge vornehmen. Westfalen wurde dabei herausgenommen, da nur eine Genossenschaftsbank solche Angaben macht.

Tabelle 16: Erträge nach Provisionsarten der Genossenschaftsverbände

in €	Erträge aus Wertpapierdienstleis-tungs- und Depotgeschäften pro Vollzeitmitarbeiter	Vermittlungserträge pro Vollzeitmitarbeiter	Erträge aus Zahlungsverkehr pro Vollzeitmitarbeiter
Aktiengesellschaften	10.274	8.268	13.138
Baden	7.209	9.497	17.555
Bayern	8.180	7.366	13.965
Berlin-Hannover	4.898	9.529	19.998
Hessen/Rheinland-Pfalz/Thüringen	6.200	6.687	15.402
Norddeutscher	5.794	8.258	19.354
PSD	5.393	2.643	1.188
Rheinland	9.972	9.740	20.079
Saarland	4.440	4.568	16.577
Sachsen	8.456	7.635	20.594
Spardabanken	4.472	6.607	9.662
Weser-Ems	6.142	9.654	17.888
Württemberg	8.499	9.295	12.668

Es zeigen sich insbesondere bei den Erträgen aus Zahlungsverkehr und den Erträgen aus Wertpapierdienstleistungs- und Depotgeschäften deutliche Unterschiede zwischen den Genossenschaftsverbänden. Beim Zahlungsverkehr weichen wiederum die PSD Banken und auch die Spardabanken aufgrund der Geschäftspolitik deutlich von den anderen Banken ab. Auch bei den anderen Verbänden lassen sich aber deutliche Unterschiede feststellen. Sachsen und Rheinland weisen hier die höchsten Werte aus, Württemberg die geringsten. Ob diese Unterschiede aufgrund der Geschäftspolitik entstehen, lässt sich extern nicht feststellen.

Die Unterschiede in den Vermittlungserträgen und Erträgen aus Wertpapierdienstleistungs- und Depotgeschäften sind dagegen auf regionale Unterschiede hinsichtlich Kaufkraft etc. zurückzuführen.

3.4 Handelsergebnis

Das Handelsergebnis stellt die GuV-Position Nr. 7 „Nettoertrag oder Nettoaufwand aus Finanzgeschäften" dar. Es beinhaltet die aus den Geschäften mit Wertpapieren des Handelsbestands, Finanzinstrumenten, Devisen und Edelmetallen entstanden Erträge und Aufwendungen. Da Zinserträge und -aufwendungen aus Handelsbeständen im Zinsergebnis auszuweisen sind, ist die Position für sich wenig aussagefähig. Sie ist betrieblich bedingt, aber nicht genauer analysierbar. Deshalb wird hier auf weitere Ausführungen verzichtet.

3.5 Beteiligungsergebnis

Genossenschaftsbanken und Sparkassen besitzen in der Regel nicht Beteiligungen wie die Großbanken an Nichtbanken. Eine Ausnahme stellt etwa die Kreissparkasse Biberach dar, die an der Kässbohrer Geländefahrzeug AG 39,8% des Kapitals besitzt, oder die Stadt- und Kreis-Sparkasse Darmstadt, die 5,01% der HEAG besitzt.

Ansonsten bestehen Beteiligungen der Genossenschaftsbanken und Sparkassen fast ausschließlich an Verbundunternehmen oder Tochtergesellschaften, an die bestimmte Teile des eigenen Geschäftes ausgelagert wurden. So hält etwa die Hohenzollerische Landesbank Kreissparkasse Sigmaringen 33% des Kapitals und die Sparkasse Hohenlohekreis 21,8% des Kapitals an der SVB-Sparkassen-Versicherung-Beteiligungs-GmbH Nr. 7 in Stuttgart, deren Aufgabe es wohl ist, die Beteiligungen der Sparkassen an den regionalen Versicherungen der Sparkassen-Finanzgruppe zu halten. An der selbigen Versicherungs-Beteiligungsgesellschaft Nr. 1 hält etwa die Kreissparkasse Ludwigsburg 24,1% des Kapitals, die Sparkasse Pforzheim/Calw 25,0% und die Sparkasse Rastatt-Gernsbach 35,1%, an der Nr. 4 die Sparkasse Bodensee 20,1% des Kapitals und an der Nr. 3 die Sparkasse Rhein Neckar Nord 23,4% des Kapitals. Die meisten Beteiligungen an Verbundunternehmen werden nicht angegeben, da sie indirekt über die Verbände erfolgen und die Anteile daran aufgrund der Beteiligungshöhe nicht angabepflichtig sind.

Verbundene Unternehmen sind dagegen häufig Grundstücksverwaltungsgesellschaften, Versicherungs-Vertriebsgesellschaften, Vermögensverwaltungsgesellschaften usw.

3.5.1   Der Ausweis in GuV und Bilanz des Beteiligungsbesitzes

Im Gegensatz zu den IFRS sieht das HGB keine Marktbewertung von Aktienbeständen vor. Da die Beteiligungen überwiegend zu historischen Anschaffungswerten bilanziert werden, lassen sich umfangreiche stille Reserven in diesen vermuten. Abschreibungen auf diese Beteiligungen lassen sich in den vergangenen Jahren nicht finden. Somit werden in den Jahresabschlüssen die Beteiligungen an den Verbundunternehmen wohl zu historischen Werten bilanziert.

3.5.2   Stille Reserven im Beteiligungsbesitz: Realisierung durch Fusionen oder Verkäufe: Die Beispiele der SaarLB und der DZ Bank

Durch die Hebung der stillen Reserven im Beteiligungsbestand an Verbundunternehmen sind Genossenschaftsbanken und Sparkassen in der Lage, ihr Ergebnis deutlich zu verbessern. In den vergangenen Jahren haben die Genossenschaftsbanken durch die Hebung der stillen Reserven in den Beteiligungen an der DZ Bank umfangreiche Erträge erzielt, mit denen nach eigenen Angaben der Genossenschaftsbanken insbesondere die Vorsorgereserven nach § 340f HGB aufgestockt wurden. Tabelle 17 zeigt diese realisierten Reserven, die in den außerordentlichen Erträgen und den Erträgen aus Zuschreibungen der Beteiligungen ausgewiesen wurden. In beiden Positionen sind auch andere Posten wie Erträge aus Sicherungseinrichtungen u. ä. enthalten. Diese werden in der Tabelle dabei nicht korrigiert. Der größte Teil der ausgewiesenen Werte stammt aus den DZ-Bank-Reserven. Die Hebung der Reserven stammte dabei aus der Einbringung der Aktien an der DZ Bank in neue Gesellschaften, wobei eine Neubewertung stattfand. Tatsächlich Geld ist dabei wohl nicht geflossen.

Tabelle 17: Realisierte stille Reserven der Genossenschaftsbanken

in Mio. €	Außerordentliche Erträge + Erträge aus Zuschreibungen der Beteiligungen
2001	1.072
2002	1.342
2003	306

Auch im Sparkassenbereich wurden umfangreiche stille Reserven gehoben. Der Sparkassenverband Saarland veräußerte die SaarLB an die Bayerische Landesbank und schüttete den Gewinn an die indirekten Besitzer, die Sparkassen im Saarland, aus. Damit wurden 104 Mio. € stille Reserven gehoben. Der Beteiligungsbuchwert der Sparkassen reduzierte sich gleichzeitig um genau 24 Mio. €. Somit sind wohl 128 Mio. € ausgeschüttet worden. Die Erträge wurden als außerordentliche Erträge verbucht. Weitere 10 Mio. € wurden durch die Veräußerung der Saarland Feuerversicherung AG realisiert.

Diese Werte zeigen die umfangreichen stillen Reserven, die im Verbund des Sparkassensektors verborgen sind. Wenn bereits der kleinste Verband aus der SaarLB mehr als 100 Mio. € stille Reserven heben kann, sind in den anderen Verbänden noch weitaus höhere Reserven zu vermuten.

3.5.3 Analyse des Beteiligungsergebnisses der Genossenschaftsbanken und Sparkassen

Mit den Beteiligungen an Verbundunternehmen gehen umfangreiche Bilanzwerte einher. Über alle Sparkassen sind 12 Mrd. € in Beteiligungen und verbundenen Unternehmen investiert, davon 10,7 Mrd. € in Beteiligungen. Bei den Genossenschaftsbanken liegt der Vergleichswert bei 5 Mrd. €, davon 4 Mrd. € in Beteiligungen. Der eigentliche Wert des Beteiligungsbestandes für die Genossenschaftsbanken und Sparkassen bleibt in der Bilanz verborgen, da die Beteiligungen nicht zu ihrem – natürlich schwer messbaren – Marktwert, sondern nur zu ihren Buchwerten in der Bilanz stehen. Die – im Vergleich zum Beteiligungsbuchwert – geringen Ausschüttungen auf die Beteiligungen decken diese Marktwerte nicht auf.

Auf die 10,7 Mrd. € Beteiligungsbuchwert haben die Sparkassen insgesamt Ausschüttungen von 357 Mio. € erhalten. Dies entspricht einer Rendite von

gerade einmal 3,3%. Bei den Genossenschaftsbanken wurden 116 Mio. €
Erträge auf den Buchwert von 4 Mrd. € erzielt und damit 2,9% Rendite.

Bei der Interpretation der operativen Ergebnisse von Genossenschaftsbanken und Sparkassen sollte deshalb berücksichtigt werden, dass die Marktwerte der Beteiligungen nicht einbezogen wurden. Die im operativen Ergebnis enthaltenen Ergebnisse sind dagegen unbedeutend.

Ein Ansatzpunkt zur Verbesserung der Analyse dieses Bereiches könnte
dabei die Analyse der Verbundunternehmen, also etwa der Versicherungen,
Bausparkassen, Zentralbanken usw. sein.

3.6 Verwaltungsaufwendungen

Die Verwaltungsaufwendungen stellen die eigentliche Aufwandseite einer
Bank dar. Die Sparkassen haben hier 19,3 Mrd. € aufgewendet, wobei zu-
sätzlich zu den Verwaltungsaufwendungen auch die Abschreibungen auf
Sachanlagen und die sonstigen Steuern in diese Kennzahl einbezogen wur-
den. Der Vergleichswert bei den Genossenschaftsbanken liegt bei 10,9 Mrd.
€. Von Interesse in der externen Analyse ist insbesondere, ob Indizien für
Ineffizienzen in den Banken zu finden sind.

Allgemein verwendete Kennzahl für Effizienzuntersuchungen bei Banken
ist die Aufwand/Ertrag-Relation, die nachfolgend vorgestellt und kritisiert
wird. Als Alternative wird darauf aufbauend die Effizienz mit der Data Envelopment Analysis (DEA) gemessen und daraus Rückschlüsse über die
Aufwandseite der Banken gezogen.

3.6.1   Aufwand/Ertrag-Relation

Die Frage nach der Effizienz des Mitteleinsatzes ist eine der wesentlichen
Fragestellungen bei der Analyse einer Bank. Allgemein durchgesetzt hat
sich als Effizienzmaß die Aufwand/Ertrag-Relation, mit der die Aufwendungen zu den Erträgen in Beziehung gesetzt werden.

Kennzahl 12:

$$\text{Aufwand/Ertrag-Relation} = \frac{\text{Verwaltungsaufwendungen} + \text{sonstige Aufwendungen}}{\text{Erträge} + \text{sonstige Erträge}}$$

Die Erträge werden dabei aus der Summe von Zinsüberschuss vor Risikovorsorge, Provisionsüberschuss, Handelsergebnis und sonstigen Erträgen ermittelt. Diese Kennzahl muss verpflichtend in der Konzernsegmentberichterstattung angegeben werden[45] und wird auch von vielen Banken freiwillig im Jahresabschluss als Effizienzmaß publiziert. Die Relationen der Großbanken sind beispielhaft in Tabelle 18 für das Jahr 2000 dargestellt.

Tabelle 18: Aufwand/Ertrag-Relation 2000

	Commerz- bank	Deutsche Bank	Dresdner Bank	HypoVer- einsbank
Aufwendungen	6.001	22.334	9.216	5.715
Erträge	8.920	29.501	12.415	8.753
$\dfrac{\text{Aufwendungen}}{\text{Erträge}}$	67,3%	75,7%	74,2%	65,3%

Danach weist die HypoVereinsbank mit 65,3% die günstigste Aufwand/Ertrag-Relation auf, während die Deutsche Bank und die Dresdner Bank deutlich über diesem Wert liegen. Auch in 2002 hat die HypoVereinsbank nach den eigenen Angaben die beste Aufwand/Ertrag-Relation mit einem Wert von 69,1%. Danach folgen die Commerzbank mit 77,3% und die Deutsche Bank mit 78,8%, während die Dresdner Bank mit 86,8% weit dahinter liegt.[46] Die Kreissparkasse Tuttlingen als beste der Sparkassen liegt in 2003 dagegen bei 39,8%. Wenn man die Aufwand/Ertrags-Relation als Basis für die Effizienzsteuerung nimmt, müsste etwa die Deutsche Bank ihre Erträge verdoppeln oder ihre Aufwendungen halbieren, um den Wert der Kreissparkasse Tuttlingen zu erreichen. Tatsächlich sollte die Auf-

---

[45] Vgl. Padberg (2000), S. 585-588.
[46] Es handelt sich um die eigenen Angaben der Kreditinstitute, die teilweise auf unterschiedlichen Definitionen aufbauen. Für einen detaillierten Vergleich wären diese Unterschiede zu beseitigen.

wand/Ertrag-Relation aber nicht als Basis für eine Effizienzsteuerung genutzt werden, da sie zur Effizienzmessung nicht geeignet ist.

Laut dem Glossar der Deutschen Bank soll die Aufwand/Ertrag-Relation
eine Kennzahl zur Kosteneffizienz sein, die das Verhältnis der betrieblichen
Aufwendungen zu den betrieblichen Erträgen abbildet. Dieses Globalziel
kann die Aufwand/Ertrag-Relation nicht erreichen. Zunächst werden im
obigen Beispiel Banken verglichen, die unterschiedliche Geschäftsmodelle
verfolgen. Die HypoVereinsbank ist im Gegensatz zu den anderen Banken
nicht wesentlich im Investment Banking vertreten. In der Aufwand/Ertrag-
Relation wird dieser Unterschied aber nicht abgebildet, so dass die Relationen zwischen den Banken teilweise nicht vergleichbar sind.

Neben der Tatsache, dass die Aufwand/Ertrag-Relation unterschiedliche
Geschäfte nicht abbilden kann, wird das unterschiedliche Risiko der Banken nicht abgebildet. Eine Bank mit einer Aufwand/Ertrag-Relation von
90% und einer Risikovorsorge von 0 ist mit einer Bank mit einer Auf-
wand/Ertrag-Relation von 60% und einer Risikovorsorge > 0 nicht vergleichbar. So weist die Kreissparkasse Tuttlingen beispielsweise eine deutlich höhere Risikovorsorge lt. GuV aus als andere Sparkassen, die schlech-
tere Aufwand/Ertrag-Relationen vorweisen. Falls die Kreissparkasse Tuttlingen bewusst höhere Risiken als andere Sparkassen eingeht und diese Risiken in die Konditionen einpreist, steigen die Zinserträge, wodurch sich die
Aufwand/Ertrag-Relation verbessert. Die bewusst einkalkulierte höhere
Risikovorsorge wird dagegen in der Aufwand/Ertrag-Relation nicht berücksichtigt.

Darüber hinaus hat die Höhe des Eigenkapitals Einfluss auf die Auf-
wand/Ertrag-Relation. Je höher die Eigenkapitalquote ist, umso geringer
sind die Zinsaufwendungen, so dass die Aufwand/Ertrag-Relation steigt.
Dies hat allerdings nichts mit der Effizienz einer Bank zu tun.

Weiterhin haben Teile der Ertragsseite nichts mit der Aufwandsseite zu tun,
so der Strukturbeitrag als Teil des Zinsüberschuss. Dieser hängt nicht von
den Verwaltungsaufwendungen einer Bank ab und könnte theoretisch auch
durch Spekulationen am Kapitalmarkt erzielt werden, ohne ein Filialsystem
zu unterhalten.

Zusammenfassend lässt sich sagen, dass ein sinnvoller Zusammenhang zwischen Zähler und Nenner der Aufwand/Ertrag-Relation nicht besteht. Sie ist
als Maß für die Kosteneffizienz deshalb nicht geeignet.

Als Alternative wird die Effizienzmessung im Folgenden mit Hilfe der Data Envelopment Analysis (DEA) durchgeführt.

3.6.2 Effizienzanalyse der Genossenschaftsbanken und Sparkassen mit der Data Envelopment Analysis und Implikationen für das Ertragspotenzial

3.6.2.1 Effizienzbegriff

Der der DEA zugrunde liegende Effizienzbegriff stammt aus der Produktionstheorie.[47] Danach bestimmt ein Effizienzmaß,

- wieviel Input ein Produzent benötigt, um eine bestimmte Menge Output herzustellen, beziehungsweise

- wieviel Output aus einer bestimmten Menge Input hergestellt werden kann.

Dies entspricht den zwei Ausprägungen des ökonomischen Prinzips. Produzenten mit dem geringsten Input bei gegebenem Output beziehungsweise mit dem größten Output bei gegebenem Input gelten danach als effizient.

Die Effizienz lässt sich für diese Untersuchung in zwei Bereiche unterteilen:[48]

- Die technische Effizienz misst bei einem vorgegebenen Outputlevel das Verhältnis zwischen dem Input des jeweiligen betrachteten Objektes und dem effizienten Produktionsinput eines effizienten Objektes. Beantwortet wird die Frage, ob im Produktionsprozess die besten bekannten Verfahren eingesetzt werden.

---

[47] Vgl. grundlegend Farrell (1957), S. 253-281; Färe / Grosskopf / Lovell (1985).

[48] Eine weitere mögliche Maßzahl wäre die Berechnung der allokativen Effizienz. Mittels dieser kann festgestellt werden, ob der richtige Input- beziehungsweise Outputmix unter Berücksichtigung der am Markt vorgefundenen Faktorpreise gewählt worden ist. Von einer Berechnung der allokativen Effizienz wird hier aber abgesehen, da aufgrund der Vielzahl der Aktiv- und Passivprodukte der Kreditinstitute eine eindeutige Preisbestimmung aus bankbilanzanalytischer Sicht nicht für alle Inputs und Outputs möglich ist.

- Die Skaleneffizienz gibt hingegen an, ob durch die Veränderung der Produktionsmenge positive oder negative Effekte zu erwarten sind. Beantwortet wird damit auch die Frage, ob durch Zusammenschlüsse von Objekten Vor- oder Nachteile hinsichtlich der Effizienz entstehen.

Abbildung 7 zeigt diese Zusammenhänge für den Ein-Input- und Ein-Outputfall. Die Gerade 0a beschreibt eine effiziente Produktionsfunktion mit konstanten Skalenerträgen, während die Technologiemenge cde eine effiziente Produktionsfunktion mit variablen Skalenerträgen abbildet. Der Produzent, der durch den Punkt g dargestellt wird, erzeugt mit höherem Input den gleichen Output wie der imaginäre Produzent im Punkt h, der sich als Kombination von c und d darstellen lässt. Die technische Effizienz des Produzenten im Punkt g ergibt sich danach als Quotient jh/jg.

Neben dieser technischen Ineffizienz treten noch Skalenineffizienzen auf, da auch der Punkt h nicht auf der Geraden 0a liegt, obwohl h in der effizienten Technologiemenge cde enthalten ist. Ein Produzent im Punkt h kann nur effizienter werden, wenn er seine Größe verändert. Zur Bestimmung der Skaleneffizienz ist die Distanz zwischen der Technologie bei konstanten Skalenerträgen 0a und der Technologie mit variablen Skalenerträgen cde zu berechnen. Danach ergibt sich die Skaleneffizienz als Quotient ji/jh.

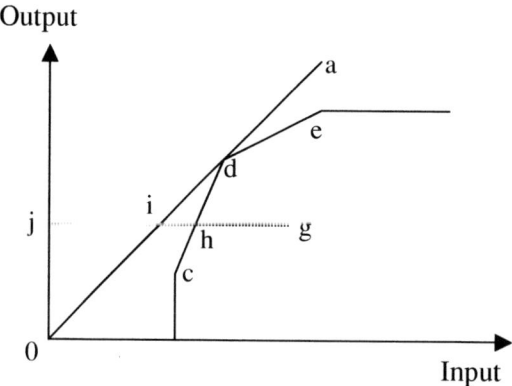

Abbildung 7: Effizienzmaße im Ein-Faktorfall

3.6.2.2 Data Envelopment Analysis

Das Verfahren der Data Envelopment Analysis als Instrument zur Bestimmung von Effizienzwerten geht auf *Charnes / Cooper / Rhodes*[49] zurück, die für den multiplen Input-/Outputfall ein radiales Effizienzmaß berechneten. Mit diesem Verfahren können die technische und die Skaleneffizienz bestimmt werden. Erweitert im mehrdimensionalen Fall für m Inputs x_i und t Outputs y_r lässt sich der Effizienzwert h_k der k-ten Sparkasse bzw. Genossenschaftsbank wie folgt bilden:

$$\max h_k = \frac{\sum_{r=1}^{t} \mu_r y_{kr}}{\sum_{i=1}^{m} v_i x_{ki}}$$

Die Variablen μ und v stellen dabei die Gewichtungen dar, die ein Faktor bei der Errechnung des Index trägt, wobei die Gewichte nicht a priori vorgegeben werden, sondern so ermittelt werden, dass die Bewertung von h_k unter keinen anderen Gewichtungen besser ist. Damit wird jedes Betrachtungsobjekt – in dem hier vorliegenden Fall jede Sparkasse bzw. Genossenschaftsbank – mit ihrem maximalen Effizienzwert bestimmt.

Als Restriktion gilt, dass keine der p anderen in der Stichprobe vertretenen Sparkassen bzw. Genossenschaftsbanken bei denselben Gewichtungen einen Indexwert größer 100 erhält (beziehungsweise einen anderen im linearen Programm angegebenen Maximalwert):

$$NB: \frac{\sum_{r=1}^{t} \mu_r y_{jr}}{\sum_{i=1}^{m} v_i x_{ji}} \leq 100, \forall \, j = 1,...,p$$

$$\mu_r \geq 0, v_i \geq 0$$

Die für die DEA verwendeten Variablen sind in der folgenden Legende aufgeführt:

---

[49] Vgl. Charnes / Cooper / Rhodes (1978), S. 429-444.

Legende:

h_k	Effizienzwert der k-ten Sparkassen bzw. Genossenschaftsbank
m	Zahl der Inputs
p	Zahl der Sparkassen bzw. Genossenschaftsbanken
s_i^-	Schlupfvariable des Imputfaktors i
s_r^+	Schlupfvariable des Outfaktors r
t	Zahl der Outputs
x_{ki}	Wert des i-ten Inputs der Sparkasse bzw. Genossenschaftsbank k
y_{kr}	Wert des r-ten Outputs der Sparkasse bzw. Genossenschaftsbank k
μ_r	Gewichtung des r-ten Outputs
v_i	Gewichtung des i-ten Inputs
λ_k	Gewicht der Sparkasse bzw. Genossenschaftsbank k

Die in Abbildung 7 gezeigten effizienten Produktionsfunktionen werden somit aus den besten in der Stichprobe vertretenen Sparkassen bzw. Genossenschaftsbanken gebildet und nicht aus vorgegebenen theoretischen Werten. Da dieses Programm nicht mit einem normalen LP-Solver lösbar ist, wird es durch die Charnes-Cooper-Transformation als lineares Programm mit gleichem Lösungsraum dargestellt:

Primales Modell	Duales Modell
$\min h_k = 100 \cdot \Theta_k - \varepsilon \cdot (\sum\limits_{r=1}^{t} s_r^+ + \sum\limits_{i=1}^{m} s_i^-)$ unter den Nebenbedingungen : $\sum\limits_{j=1}^{p} y_{jr}\lambda_j - s_r^+ = y_{kr} \ \forall\, r = 1,..,t$ $\sum\limits_{j=1}^{p} x_{ji}\lambda_j - \Theta_k x_{ki} + s_i^- = 0 \ \forall\, i = 1,..,m$ $s_r^+ \geq 0$ $s_i^- \geq 0$ $\lambda_j \geq 0$ $\forall\, r = 1,...,t\,;\, i = 1,...,m;\, j = 1,...,p$	$\max h_k = \sum\limits_{r=1}^{t} \mu_r y_{kr}$ unter den Nebenbedin gungen : $\sum\limits_{i=1}^{m} v_i x_{ki} = 100$ $\sum\limits_{r=1}^{t} \mu_r y_{jr} - \sum\limits_{i=1}^{m} v_i x_{ji} \leq 0 \ \forall\, j = 1,...,p$ $\mu_r, v_i \geq \varepsilon$ $\forall\, r = 1,...,t\,;\, i = 1,...,m$

ε ist eine kleine, nicht-archimedische Zahl, die sicherstellen soll, dass alle Faktoren positiv gewichtet werden.[50]

Aus der Formulierung des Modells lassen sich weitere Schlussfolgerungen ziehen:[51]

1. Für den Effizienzwert h_k gilt: $0 < h_k \leq 100$.

2. Ist $h_k < 100$, dann ist die Sparkasse bzw. Genossenschaftsbank ineffizient.

3. Ist ein $s_r^+ > 0$ oder $s_i^- > 0$ ($\forall i = 1,..,m; r = 1,..,t$), so besteht Verbesserungspotential durch Veränderung nur dieses einen Inputs oder Outputs.

4. Die Variable λ_j repräsentiert die Gewichtung einer anderen Sparkasse bzw. Genossenschaftsbank j bei der Ermittlung der effizienten Projektion der betrachteten Sparkasse bzw. Genossenschaftsbank k.

5. Um effizient zu werden, muss die Sparkasse bzw. Genossenschaftsbank k ihre Outputs und Inputs auf folgende Werte verändern: $x^*_{ki} = 0,01 \times h_k \times x_{ki} - s_i^- \land y^*_{kr} = y_{kr} + s_r^+$ ($\forall i = 1,..,m; r = 1,..,t$). Die Werte für die Inputs x^*_{ki} und die Outputs y^*_{kr} stellen dabei die effiziente Projektion der Sparkasse bzw. Genossenschaftsbank k auf der Effizienzkurve an. Dabei zeigt die Differenz zwischen x^*_{ki} und x_{ki} $\forall i = 1,..,m$ den Reduktionsbedarf für die einzelnen Inputs und die Differenz zwischen y^*_{kr} und y_{kr} $\forall r = 1,..,t$ den Erhöhungsbedarf für die einzelnen Outputs an.

Dieses Modell wird nach *Charnes / Cooper / Rhodes* als CCR-Formulierung der DEA bezeichnet. Da es von konstanten Skalenerträgen ausgeht, kann die Variable λ jeden Wert ≥ 0 annehmen, so dass sich die effiziente Projektion der betrachteten Sparkasse bzw. Genossenschaftsbank aus Sparkassen bzw. Genossenschaftsbanken aller Größen zusammensetzen kann. Der CCR-Wert bildet damit die Gesamteffizienz einer Sparkasse bzw. Genossenschaftsbank ab, d. h. die Skaleneffizienz und die technische Effizienz zusammen. In Abbildung 7 stellt die Gesamteffizienz die Entfernung zwischen den Punkten i und g dar und ergibt sich als Quotient ji/jg. Um genaue Aussagen über die Effizienz machen zu können, muss die Gesamteffizienz in technische Effizienz und Skaleneffizienz aufgespalten werden.

---

[50] Die Nichtnegativität wurde erst in einem Nachtrag zum ursprünglichen Modell von Charnes / Cooper / Rhodes (1978) gefordert. Vgl. Charnes / Cooper / Rhodes (1979), S. 339.

[51] Vgl. Yue (1992), S. 41.

Dies geschieht durch das Hinzufügen der weiteren Restriktion $\Sigma\lambda_j = 1$ in das Modell, womit erreicht wird, dass eine Technologie mit variablen Skalenerträgen berechnet wird. Sparkassen und Genossenschaftsbanken werden damit nur mit Sparkassen und Genossenschaftsbanken ähnlicher Größe verglichen. Dieses Modell ist nach seinen Entwicklern *Banker / Charnes / Cooper* als BCC-Formulierung der DEA bekannt geworden. Der BCC-Wert repräsentiert die technische Effizienz einer Sparkasse bzw. Genossenschaftsbanken (Quotient jh/jg in Abbildung 7). Die Skaleneffizienz kann nicht direkt mit Hilfe der DEA berechnet werden. Sie ergibt sich aber einfach als Quotient von CCR- und BCC-Wert.[52]

3.6.2.3 Modellierung des Bankgeschäftes

Die Wahl der Inputs und Outputs stellt eines der wesentlichen Probleme bei der Effizienzuntersuchung dar.[53] Zur Bestimmung der erforderlichen Faktoren werden unterschiedliche Ansätze eingesetzt.[54] Beim Produktionsansatz wird die Bank als Dienstleistungsunternehmen verstanden, das unter Einsatz von Produktionsfaktoren einen dem Kunden zufließenden Nutzen generiert. Unter diesem Aspekt sind alle Geschäfte, die ein Kreditinstitut tätigt, als Output zu klassifizieren. Der Produktionsansatz ist bei Untersuchungen über die Produktivität von Kreditinstituten vorteilhaft, da er die Rolle der Sparkassen und Genossenschaftsbanken als Anbieter von Dienstleistungen widerspiegelt. Die Inputs und Outputs werden hier gemäß dem Produktionsansatz definiert, deren Auswahl im Folgenden einzeln begründet wird. Verschiedene Möglichkeiten aus der Literatur, die Inputs und Outputs zu definieren, werden dabei diskutiert.

Da die Daten aus der Bankbilanz gewonnen werden, ergibt sich das Problem, dass in der weiteren Analyse wie auch in internationalen Untersuchungen[55] Wertgrößen verwendet werden. Es ist bei der Definition der einzelnen Inputs und Outputs zu prüfen, ob die Verwendung von Wertgrößen für das hier verfolgte Untersuchungsziel sachgerecht ist.

Auf der Inputseite müssen gemäß dem Produktionsansatz diejenigen Faktoren berücksichtigt werden, die im Produktionsverlauf verbraucht werden. Gemäß dem Ansatz von Gutenberg müssen auf der Inputseite somit die

---

[52] Vgl. Banker / Charnes / Cooper (1984), S. 1078-1092.
[53] Vgl. bspw. Berg / Forsund / Jansen (1991), S. 131 f.
[54] Vgl. Porembski (2000), S. 226 ff.
[55] Vgl. beispielsweise Garden / Ralston (1999), S. 292; Grifell-Tatje / Lovell (1997), S. 369; Saha / Ravisankar (2000), S. 192.

Produktionsfaktoren Arbeit, Roh-, Betriebs- und Hilfsstoffe sowie Kapital abgebildet werden.[56] Die einzelnen Positionen des Jahresabschlusses müssen dahingehend untersucht werden, ob sie die Produktionsfaktoren ausreichend abbilden können.

Als Maß für den Faktor Arbeit wird der Personalaufwand in Form der Position „Löhne und Gehälter" aus der Gewinn- und Verlustrechnung (GuV) herangezogen. Aufwendungen für die Altersversorgung bleiben unberücksichtigt, weil es sich hierbei u. a. um Aufwendungen für bereits pensionierte Mitarbeiter handelt, die keine produktiven Tätigkeiten mehr verrichten. Auf eine Berücksichtigung der Position soziale Aufwendungen kann verzichtet werden, da es sich hierbei im Wesentlichen um einen prozentualen Aufschlag auf die Löhne und Gehälter handelt. Bei Sparkassen wie auch Genossenschaftsbanken bildet die Position „Löhne und Gehälter" auch die Arbeitsstunden hinreichend gut ab, da die Bezahlung einheitlich nach Bundesangestelltentarif (BAT) erfolgt und deshalb eine vergleichbare Bezahlung der Leistungen der Mitarbeiter erwartet werden kann. Unterschiede in der Bezahlung lassen sich auf unterschiedliche Qualifikationen zurückführen. Bei Verwendung der Mitarbeiteranzahl, über die auch in Jahresabschlüssen berichtet wird, als Input würde die unterschiedliche Qualifikation nicht berücksichtigt, was zu verzerrten Effizienzwerten führen würde.

Bei der GuV-Position „andere Verwaltungsaufwendungen" handelt es sich um Aufwendungen für den technisch-organisatorischen Bereich einer Bank.[57] Sie kann deshalb zur Abbildung des Faktors Roh-, Hilfs- und Betriebsstoffe herangezogen werden. Sonstige betriebliche Aufwendungen werden nicht berücksichtigt, da sie alle Aufwendungen umfassen, die nicht unmittelbar für das Bankgeschäft getätigt wurden.[58]

Aufwendungen für Sachanlagen, gemessen durch die GuV-Position „Abschreibungen auf Sachanlagen", bilden den Faktor Kapital ab. Besser geeignet wären an dieser Stelle die Marktwerte der Sachanlagen, allerdings lassen sich diese aus den Angaben in den Jahresabschlüssen nicht ermitteln. Unterschiedliche Abschreibungsmodalitäten können die Abschreibungen verfälschen, hier lassen sich aber keine anderen Daten heranziehen. Auf-

---

[56] Nominelle Güter spielen in dieser Untersuchung keine Rolle, weil das Untersuchungsziel die Produktivität ist. Aus diesem Grunde ist die berechtigte Kritik in der Literatur an Gutenbergs Produktionsfaktorsystem für Kreditinstitute hier nicht zu berücksichtigen.

[57] Vgl. Bieg (1998), S. 382.

[58] In dieser Position werden beispielsweise Abschreibungen auf Grundstücke und Gebäude des Umlaufvermögens oder Bewirtschaftungs- und Instandhaltungsaufwendungen für nicht bankgeschäftlich genutzte Gebäude ausgewiesen.

grund der Rechnungslegungsvorschriften werden Aufwendungen für Sachanlagen, die gemietet und geleast werden, in der GuV-Position „andere
Verwaltungsaufwendungen" und nicht bei den „Abschreibungen auf Sachanlagen" ausgewiesen. Die Faktoren Kapital sowie Roh-, Hilfs- und Betriebsstoffe sind deshalb aggregiert als Input zu berücksichtigen, d. h. die
GuV-Positionen „andere Verwaltungsaufwendungen" und „Abschreibungen auf Sachanlagen" bilden einen gemeinsamen Input. Rein steuerliche
Sonderabschreibungen wie beispielsweise die Fördergebietsabschreibungen
werden dabei nicht einbezogen, sofern sie aus den Jahresabschlussangaben
ermittelbar sind.

Als Outputfaktoren werden alle Positionen berücksichtigt, die mit Bankmarktleistungen zusammenhängen. Zu den Bankmarktleistungen werden

- Kreditleistungen,

- Anlageleistungen,

- Zahlungsverkehrsleistungen und

- sonstige Bankmarktleistungen

zugerechnet.[59] Als Outputgröße werden die Forderungen an Kunden herangezogen, wobei die Kommunalkredite aufgrund ihrer Risikolosigkeit und
damit einfachen Vergabe unbeachtet bleiben. Aufgrund ihres hohen Anteils
gehen die durch Grundpfandrechte unterlegten Forderungen an Kunden separat als Output ein. Die Verwendung von Forderungen als Outputgröße ist
nicht unproblematisch. Wenige Großkredite können fälschlicherweise eine
hohe Effizienz anzeigen. Dem stehen aber die Großkreditvorschriften des
§ 13 KWG gegenüber, die den Umfang von Großkrediten reglementieren.
Darüber hinaus ist die absolute Höhe der Forderungen durch § 10 KWG
i. V. m. Grundsatz I begrenzt. Die risikobehafteten Geschäfte (Risikoaktiva)
einer Bank, die wesentlich aus den Forderungen bestehen, dürfen maximal
das 12,5fache des haftenden Eigenkapitals bzw. das 25fache des Kernkapitals ausmachen. Mit Verwendung des Forderungsvolumens wird ein Zusammenhang zum technisch-organisatorischen Prozess unterstellt. Es wird
angenommen, dass ein größerer Kredit einer genaueren Bearbeitung bedarf

---

[59] Analog zu *Eilenberger* lassen sich Bankleistungen in Bankmarktleistungen und sekundäre Bankleistungen unterscheiden. Zu den sekundären Bankleistungen zählen In-
terbankleistungen und Eigenleistungen, die von der Marktlage abhängen bzw. dem
Ausgleich von Liquiditätsüberschüssen und -engpässen dienen und jeweils keinen
Einfluss auf die Effizienz haben. Vgl. Eilenberger (1997), S. 188 ff.

als ein kleinerer Kredit, da das Risiko für die Bank höher ist. Fehlkalkulationen haben bei größeren Krediten eine größere Auswirkung als bei kleineren Krediten.

Als Verbindlichkeiten werden aggregiert die Bilanzposition „Verbindlichkeiten an Kunden" sowie die innerhalb der Bilanzposition „Verbriefte Verbindlichkeiten" ausgewiesenen begebenen Schuldverschreibungen eingesetzt. Da Spareinlagen einen hohen Anteil an der Bilanzsumme aufweisen, werden sie als eigenständiger Output behandelt. Wie bei den Forderungen wird auch bei den Verbindlichkeiten unterstellt, dass der Beratungsbedarf mit wachsendem Volumen der Einlagen steigt.

Daneben erbringen Kreditinstitute für ihre Kunden Provisionsleistungen. Als Maß für die Provisionsleistungen wird die GuV-Position „Provisionserträge" als Output verwendet. Auf die Einbeziehung der Provisionsaufwendungen wird dabei verzichtet. Es handelt sich hierbei zwar um Aufwendungen im Zusammenhang mit den Provisionserträgen,[60] sie beinhalten bei den Genossenschaftsbanken und Sparkassen aber überwiegend Aufwendungen an die Verbundpartner. Da sich die Aufwendungen an die Verbundpartner für die gleiche Leistung nach Bundesländern unterscheiden können, würde eine Einbeziehung dieser Provisionsaufwendungen die Effizienz verzerren.

3.6.2.4 Auswertung

Die DEA wird für die untersuchten Genossenschaftsbanken und Sparkassen durchgeführt. Die mittlere Effizienz der Genossenschaftsbanken liegt dabei bei 63,8% und die der Sparkassen bei 81,2%. Dabei wurden die jeweiligen Bankengruppen nur untereinander analysiert. Der geringere Wert für die Genossenschaftsbanken ist darauf zurückzuführen, dass als effiziente Banken hier insbesondere Spezialgenossenschaftsbanken wie Sparda-Banken, PSD Banken oder die Deutsche Apotheker- und Ärztebank identifiziert wurden. Diese Spezialinstitute sind somit den „normalen" Genossenschaftsbanken in der Effizienz überlegen. Es lässt sich damit festhalten, dass für die von diesen Spezialinstituten angebotenen Produkte deren Produktionsabläufe von den anderen Banken wenn möglich übernommen werden sollten.

Der Effizienzwert der Genossenschaftsbanken bedeutet, dass die gleichen Leistungen (= Outputs) mit 36,2% weniger Inputs erbracht werden könnten.

---

[60] Vgl. Bieg (1998), S. 338.

Somit sind 3,9 Mrd. € Personal- und Sachkosten „unnötig". Bei den Sparkassen beträgt dieser Wert 3,6 Mrd. €.

3.6.3 Schlussfolgerungen

Die Effizienz der Genossenschaftsbanken und Sparkassen ist deutlich ausbaufähig. Da Outputsteigerungen aufgrund der Marktlage als wenig wahrscheinlich angesehen werden müssen, hat die Reduzierung der Inputs wesentliches Unternehmensziel zu sein. Damit könnten die Aufwendungen deutlich reduziert werden, was gleichzeitig deutliche Verbesserungen auf das Ergebnisseits zur Folge hätte. Genau dies ist in den vergangenen Jahren bereits geschehen. Die Anzahl an Vollzeitkräften sank bei den Sparkassen von 1997 bis 2003 von 206.000 auf 174.000. Die Personalaufwendungen stiegen in der gleichen Zeit von 10,7 Mrd. € um 10% auf 11,7 Mrd. €. Bei konstanter Beschäftigungszahl hätten die Personalaufwendungen bei 13,9 Mrd. € gelegen.

3.7 Außerordentliches Ergebnis

Das außerordentliche Ergebnis wird von allen denjenigen Positionen gebildet, die nicht operativ, d. h. betrieblich, periodengerecht oder nachhaltig sind. Aus der Risikovorsorge werden hier die Beträge umgebucht, die die Differenz zwischen der Risikovorsorge des betreffenden Jahres und die durchschnittliche Risikovorsorge bilden. Während die laufenden Erträge, das Provisionsergebnis und das Handelsergebnis – sofern keine besonderen Angaben vorliegen – zum operativen Ergebnis zugerechnet werden – das gleiche gilt bei Genossenschaftsbanken mit Warengeschäft auch für das Rohergebnis –, sind sonstige betriebliche Erträge und sonstige betriebliche Aufwendungen in der Regel aus außerordentlich einzustufen, sofern keine anderen Angaben vorliegen.

Zu den sonstigen betrieblichen Erträgen werden von den Genossenschaftsbanken und Sparkassen u. a. folgende Aufgliederungen gemacht:

- Veräußerungsgewinne aus Grundstücken und Gebäuden des Anlagevermögens,

- Auflösung von Rückstellungen,

- Erträge aus der Währungsumrechnung,

- Erträge aus Einlagen als stiller Gesellschafter,

- Mieterträge,

- Verwaltungskostenerstattungen durch Tochtergesellschaften,

- Auflösung von seit 30 Jahren umsatzlosen Sparkonten.

Auch wenn einige dieser Position wiederkehren Charakter haben – so die Mieterträge oder die Erträge aus Einlagen als stiller Gesellschafter – sind in den sonstigen betrieblichen Erträgen doch in der Regel nicht operative Positionen enthalten. Deshalb werden – sofern keine Angaben vorliegen – die sonstigen betrieblichen Erträge als außerordentlich eingestuft.

Die sonstigen betrieblichen Aufwendungen werden von den Genossenschaftsbanken und Sparkassen u. a. folgendermaßen aufgegliedert:

- Zinsen nach Abgabenordnung,

- Schadensersatzansprüche,

- Zuführungen zu Rückstellungen für Rechtsstreitigkeiten,

- Zuführungen zu Rückstellungen für Altersteilzeit,

- Teilwertabschreibungen auf sonstige Vermögensgegenstände,

- Aufwendungen aus der Währungsumrechnung,

- Aufwendungen aus dem Abriss von Geschäftsstellen,

- Spenden,

- Kosten der Aufbewahrung von Geschäftsunterlagen,

- Vorfälligkeitsentschädigungen für Sparkassenbriefe,

- Aufwendungen aus Fusion,

- Abfindungszahlungen.

Auch hier sind einige Positionen enthalten, die nachhaltigen Charakter haben, so Aufwendungen für Rechtsstreitigkeiten. Allerdings lässt sich hier für fast alle Position feststellen, dass diese einmaligen, d. h. außerordentlichen Charakter haben. Die sonstigen betrieblichen Aufwendungen sind dementsprechend ins außerordentliche Ergebnis umzubuchen.

Letztlich wird auch das Bewertungsergebnis aus den Wertpapieren des Anlagevermögens, der Beteiligungen und der verbundenen Unternehmen in das außerordentliche Ergebnis umgebucht, da kein nachhaltiger Charakter vermutet werden kann.

3.8 Ertragsteuern

Die Ertragsteuerbelastung der Genossenschaftsbanken und Sparkassen ist im Gegensatz zu der etwa der Großbanken relativ leicht zu bestimmen. Da ausländische Erträge und dergleichen fehlen, ist allein der deutsche Steuersatz entscheidend. Dieser beträgt bei einem angenommenen Gewerbesteuererhebesatz von 400% 40%.

3.9   Ergebnis: Das operative Ergebnis der Genossenschaftsbanken und Sparkassen

Das operative Ergebnis der Genossenschaftsbanken und Sparkassen bildet sich nach den in den vorhergegangenen Kapiteln durchgeführten Untersuchungen aus den folgenden Positionen:

- Zinsergebnis abzüglich kalkulatorische Risikovorsorge,

- Provisionsergebnis,

- Laufendes Ergebnis,

- Handelsergebnis,

- diejenigen sonstigen betrieblichen Erträge und Aufwendungen, die nachhaltig sind.

Abzuziehen sind davon die Verwaltungsaufwendungen. Hier sind zwei Vorgehensweisen möglich. Mit den heutigen Verwaltungsaufwendungen ist die momentane Lage analysierbar, mit den „effizienten Verwaltungsaufwendungen" das erreichbare operative Ergebnis. Während das erreichbare operative Ergebnis insbesondere im Fall von Verkäufen beachtet werden sollte, ist das momentane operative Ergebnis aus Fortführungssicht entscheidend.

Das operative Ergebnis der Sparkassen beträgt 7,0 Mrd. €, das der Genossenschaftsbanken 2,8 Mrd. €. Erreichbar sind bei den Sparkassen 10,6 Mrd. €, bei den Genossenschaftsbanken 6,7 Mrd. €.

Die Deutsche Bank erreicht im Vergleich in 2004 ein Vorsteuerergebnis von 4,0 Mrd. € und in 2003 eines von 2,8 Mrd. €. Somit erreichten die Genossenschaftsbanken in 2003 ein ebenso hohes operatives Ergebnis wie die Deutsche Bank als Vorsteuerergebnis. Die Sparkassen liegen bei etwa dem dreifachen Wert. Überträgt man dies auf einen „fairen" Börsenwert, so müsste dieser für alle Sparkassen etwa beim dreifachen desjenigen der Deutschen Bank liegen.

4 Haftendes Eigenkapital als restringierende Größe

Bei Banken ist die Ausstattung mit Eigenkapital die wichtigste restringierende Größe für die Geschäftsausweitung. Die Höhe der Risikoaktiva, die das ausfallrisikobehaftete Geschäft einer Bank abbilden, wird im Grundsatz I i. V. m. § 10 KWG auf ein Vielfaches des bankaufsichtsrechtlich definierten Eigenkapitals, des so genannten haftenden Eigenkapitals, begrenzt.[61] Zentrale Kennzahl im Bankaufsichtsrecht ist der so genannte Solvabilitätskoeffizient, der Quotient von haftendem Eigenkapital und Risikoaktiva, der mindestens eine Hohe von 8% betragen muss.

Im Bankaufsichtsrecht wie auch in der Praxis handelt es sich bei den bankaufsichtsrechtlichen Kennzahlen um entscheidende Größen. So führen *Jones* und *Mingo* aus:[62] „RBC (risk-based capital, Anm. d. Verf.) ratios have come to be viewed as important indicators of bank soundness and ... important devices by which to reach prudential regulatory objectives, such as limiting the real resource cost of bank insolvency". Darüber hinaus ist die bankaufsichtsrechtliche Eigenkapitalausstattung mit entscheidend für die Beurteilung durch die Rating-Agenturen.[63]

Die besondere Bedeutung des haftenden Eigenkapitals für Banken ist unstrittig. Gleichwohl muss dessen Höhe nicht im Jahresabschluss angegeben werden. Es muss stattdessen nur dem Bundesaufsichtsamt für Finanzdienstleistungsaufsicht (BAFin) und der Deutschen Bundesbank gemeldet werden.[64]

Der externen Ermittlung des haftenden Eigenkapitals wird in der Literatur zur Jahresabschlussanalyse aber nur selten behandelt,[65] da der Informationsgehalt der Jahresabschlüsse von Banken wegen der bankspezifischen Rechnungslegungsvorschriften in §§ 340 ff. HGB und in der Verordnung über die Rechnungslegung der Kreditinstitute (RechKredV) in der Literatur allgemein als gering eingeschätzt wird.[66] Eine externe Bestimmung des haftenden Eigenkapitals wird von *Bieg* als sehr schwierig eingeschätzt, weil „die Höhe einiger Bestandteile dem Jahresabschlussleser nicht zugänglich

---

[61] Vgl. beispielsweise Beatty / Gron (2001), S. 8 ff.
[62] Jones / Mingo (1999), S. 80.
[63] Vgl. Boos (2000), S. 286.
[64] Vgl. § 10 Abs. 1 Satz 4 KWG.
[65] Vgl. beispielsweise Hacker / Dobler (2000), S. 811 ff.
[66] Vgl. Keller / Möller (1992), S. 179 ff.; Rohardt (1996), S. 213. Zur Publizitätsqualität von Jahresabschlüssen von Kreditinstituten vgl. auch Ernsting (1997), S. 279 ff.; Laupenmühlen / Münz (1997), S. 738 ff.

(z. B. die Höhe der Vorsorgereserven nach § 340f HGB)" ist.[67] Aus diesem
Grund wird der Ermittlung der bankaufsichtsrechtlichen Eigenkapitalausstattung in der Literatur bislang fast keine Aufmerksamkeit geschenkt.

4.1   Kennzahlen zur bankaufsichtsrechtlichen Eigenkapitalausstat-
tung

Innerhalb des Gesetzes über das Kreditwesen (KWG) bilden die Regelungen zum haftenden Eigenkapital bzw. den Eigenmitteln einen Schwerpunkt.
In § 10 Abs. 1 Satz 1 KWG wird ausgeführt: „Die Institute müssen im Interesse der Erfüllung ihrer Verpflichtungen gegenüber ihren Gläubigern, insbesondere zur Sicherheit der ihnen anvertrauten Vermögenswerte, angemessene Eigenmittel haben".[68] Die Eigenmittel setzen sich nach § 10 Abs. 2
Satz 1 KWG aus dem haftenden Eigenkapital und den Drittrangmitteln zusammen, wobei das haftende Eigenkapital weiter in Kernkapital und Ergänzungskapital unterteilt wird.

Zum Kernkapital zählen gemäß § 10 Abs. 2a KWG insbesondere das Ge-
schäftskapital, die Rücklagen und der Fonds für allgemeine Bankrisiken.
Als Ergänzungskapital werden gemäß § 10 Abs. 2b KWG folgende Positionen angerechnet:

- Vorsorgereserven gemäß § 340f HGB,

- Vorzugsaktien,

- Rücklagen gemäß § 6b EStG, die aus der Veräußerung von Grundstücken, grundstücksgleichen Rechten und Gebäuden entstanden sind,

- Genussrechtskapital,

- nachrangige Verbindlichkeiten mit einer Ursprungslaufzeit von mindestens fünf Jahren,

- der Haftsummenzuschlag bei Genossenschaftsbanken,

---

[67]   Bieg (1998), S. 784. Zu dem gleichen Ergebnis kommt Lotz (1992), S. 668 ff.
[68]   Zur historischen Entwicklung der Bankenaufsicht vgl. auch Waschbusch (2000),
       S. 89 ff.

- nicht realisierte Reserven in Wertpapieren sowie

- nicht realisierte Reserven in Grundstücken und Gebäuden.

Die Eigenkapitalausstattung wird in § 10 KWG i. V. m. § 2 Abs. 1 Grundsatz I dann als angemessen angenommen, wenn die Höhe der ausfallrisikobehafteten[69] Geschäfte eines Kreditinstitutes – gemessen durch die Höhe der Risikoaktiva (RA) – maximal das 12,5fache des haftenden Eigenkapitals (hEk) erreicht. Umgekehrt bedeutet dies, dass das haftende Eigenkapital mindestens 8% der Risikoaktiva betragen muss.[70] Die in § 2 Abs. 1 Grundsatz I festgelegte Mindestnorm von 8% hat sich durch internationale Erfahrungswerte ergeben, die auf vertraulichen Statistiken der Europäischen Union basieren.[71]

4.2 Ermittlung des haftenden Eigenkapitals aus den Jahresabschlüssen

4.2.1 Kernkapital

Kernkapital stellt den wichtigsten Teil des haftenden Eigenkapitals dar, da es die mögliche Höhe des anerkannten Ergänzungskapitals begrenzt. Damit handelt es sich beim Kernkapital um die entscheidende Größe bei der Ermittlung des haftenden Eigenkapitals. Aus diesem Grund ist die externe Ermittlung des Kernkapitals auch notwendige Voraussetzung für die Ermittlung des Ergänzungskapitals. Zum Kernkapital gehören bei Genossenschaftsbanken und Sparkassen im Einzelnen zunächst:[72]

1. Bei Genossenschaftsbanken die Geschäftsguthaben und die Rücklagen ohne die Geschäftsguthaben von Genossen, die zum Schluss des Geschäftsjahres ausscheiden.

2. Bei Sparkassen die Rücklagen und Dotationskapital.

---

[69] Unter Risiko wird dabei die negative Abweichung von einem erwarteten Wert verstanden. Vgl. Hartmann-Wendels / Pfingsten / Weber (2000), S. 538 ff. Zu den Risiken im Bankgeschäft vgl. Eilenberger (1997), S. 209.

[70] Vgl. § 2 Abs. 1 Grundsatz I. Falls das haftende Eigenkapital unzureichend ist, kann das Bundesaufsichtsamt für das Kreditwesen Maßnahmen gemäß § 45 KWG ergreifen.

[71] Vgl. Waschbusch (2000), S. 230.

[72] § 10 Abs. 2a Satz 1 KWG.

Unabhängig von der Rechtsform werden zusätzlich der Sonderposten für allgemeine Bankrisiken gemäß § 340g HGB und Vermögenseinlagen stiller Gesellschafter, die bestimmte Voraussetzungen erfüllen, als Kernkapital anerkannt.[73]

Vom Kernkapital abzuziehen sind:[74]

1. ein etwaiger Bilanzverlust,

2. immaterielle Vermögensgegenstände,

3. Kredite an den Kommanditisten, den Gesellschafter einer GmbH, den Aktionär oder den Anteilseigner an einem Institut des öffentlichen Rechts, dem mehr als 25% des Kapitals oder der Stimmrechte des Instituts gehören, sofern sie nicht zu marktmäßigen Bedingungen gewährt werden,

4. Kredite an stille Gesellschafter, deren Einlage mehr als 25% des Kernkapitals ohne Berücksichtigung der Einlagen stiller Gesellschafter ausmacht, sofern sie nicht zu marktmäßigen Bedingungen gewährt werden,

5. ein vom BAFin festzusetzender Korrekturposten, der insbesondere noch nicht bilanzwirksam gewordene Verluste abdecken soll.

Das Kernkapital muss im Jahresabschluss nicht angegeben werden. Durch die Divergenz zwischen Bilanzrecht und Bankaufsichtsrecht müssen auch die einzelnen Bestandteile des Kernkapitals nicht im Jahresabschluss angegeben werden. Es stellt sich damit das Problem, das Kernkapital und seine Bestandteile aus den Angaben im Jahresabschluss zu bestimmen.

Die Bestandteile des Kernkapitals werden in der Bilanz in den Passivpositionen Eigenkapital (Passivposition 12) und Fonds für allgemeine Bankrisiken (Passivposition 11) ausgewiesen. Die Abzugspositionen finden sich hingegen sowohl in Positionen der Aktiv- als auch der Passivseite.

Innerhalb der Bilanzposition Eigenkapital werden bei Sparkassen Dotationskapital, Einlagen stiller Gesellschafter, Rücklagen sowie der Bilanzgewinn oder -verlust ausgewiesen. Bei Genossenschaftsbanken enthält das Eigenkapital statt des Dotationskapitals die Geschäftsguthaben der Genossen und ansonsten ebenso Einlagen stiller Gesellschafter, Rücklagen sowie

---

[73] § 10 Abs. 2a Satz 1 Nr. 7 und 8 KWG.
[74] § 10 Abs. 2a Satz 2 KWG.

den Bilanzgewinn oder -verlust. Diese Positionen werden im Folgenden darauf untersucht, ob aus den Bilanzangaben eindeutig die Zurechnung zum Kernkapital geklärt werden kann.

Die Positionen „gezeichnetes Kapital" und „Rücklagen" in der Passivposition „Eigenkapital" lassen sich bei Genossenschaftsbanken und Sparkassen direkt aus den Bilanzangaben entnehmen. Das gezeichnete Kapital enthält neben dem Dotationskapital bzw. den Geschäftsguthaben auch Einlagen stiller Gesellschafter. Bei Genossenschaftsbanken stellt dies kein Problem dar, da der Wert der Geschäftsguthaben im Anhang anzugeben ist.

Das Kapital ausscheidender oder gekündigter Gesellschafter darf bei Genossenschaftsbanken nicht zum Kernkapital hinzugerechnet werden. Dieser Betrag ist aus dem Jahresabschluss zu entnehmen, da das Geschäftsguthaben ausscheidender Mitglieder im Anhang anzugeben ist.[75]

Bei den Sparkassen erreichen die Rücklagen insgesamt rund 44 Mrd. € und bei den Genossenschaftsbanken die anrechenbaren Geschäftsguthaben zusammen mit den Rücklagen rund 24,5 Mrd. €.

Im gezeichneten Kapital sind auch Einlagen stiller Gesellschafter und bei Sparkassen zusätzlich Dotationskapital auszuweisen, wobei eine Angabe im Anhang zu diesen Werten nicht gemacht werden muss. Somit ist aus den Angaben im Jahresabschluss für Sparkassen nicht bekannt, ob es sich bei den in dieser Position ausgewiesenen Beträgen um Einlagen stiller Gesellschafter oder um Dotationskapital handelt. Bei den Genossenschaftsbanken ist hingegen aufgrund der Angaben über das Geschäftsguthaben die Höhe der Einlagen stiller Gesellschafter bekannt, da es Dotationskapital bei Genossenschaftsbanken nicht gibt und die Differenz zwischen gezeichnetem Kapital und Geschäftsguthaben nur aus den Einlagen stiller Gesellschafter stammen kann.

76 Sparkassen wiesen 2003 ein gezeichnetes Kapital von insgesamt 1,6 Mrd. € aus, während diese Position bei den übrigen Sparkassen nicht belegt war. Nur wenige Sparkassen machten genauere Angaben zu dieser Position. Eine Besonderheit bilden dabei die Sparkasse Mittelholstein AG mit einem gezeichneten Kapital von 4,8 Mio. € und die Hamburger Sparkasse AG mit einem gezeichneten Kapital von 1 Mrd. €, die in 2003 als einzige Sparkassen in der Rechtsform der Aktiengesellschaft firmieren.

---

[75] § 34 Abs. 2 Nr. 3 RechKredV.

Bei den Genossenschaftsbanken weisen 27 Genossenschaftsbanken ein gezeichnetes Kapital aus, das die Höhe der Geschäftsguthaben übersteigt. Da es Dotationskapital bei Genossenschaftsbanken nicht gibt, kann es sich bei diesen Beträgen nur um Einlagen stiller Gesellschafter handeln. Insgesamt erreichen die stillen Einlagen 333 Mio. €. Allein die Deutsche Apotheker- und Ärztebank eG weist ein Volumen von 150 Mio. € auf.

Für die Gesamtheit aller Genossenschaftsbanken und Sparkassen sind diese Positionen allerdings von nur geringer Bedeutung, da der Betrag der stillen Einlagen in Relation zu den Geschäftsguthaben und Rücklagen der Genossenschaftsbanken und den Rücklagen der Sparkassen vernachlässigbar ist. Bei Analyse einzelner Kreditinstitute können die Beträge dagegen eine besondere Bedeutung erlangen und müssen dann genauer untersucht werden.

Stille Einlagen sind für Kreditinstitute gerade dann sinnvoll, wenn sie als haftendes Eigenkapital anrechnungsfähig sind. Ansonsten müsste das Kreditinstitut für das höhere Risiko der stillen Einlagen gegenüber Verbindlichkeiten höhere Zinsen zahlen, ohne Vorteile hinsichtlich des haftenden Eigenkapitals zu erlangen. So werden stille Einlagen nicht durch die Einlagensicherungsfonds abgedeckt, so dass sie für den Einleger nur bei höheren Zinszahlungen beispielsweise gegenüber Spareinlagen sinnvoll sind. Für die Kreditinstitute bedeutet dies umgekehrt, dass stille Einlagen ohne Hinzurechenbarkeit zum Kernkapital sinnlos sind, da sie zu höheren Zinssätzen vergeben werden müssen. Deshalb kann man davon ausgehen, dass alle Einlagen stiller Gesellschafter die Voraussetzungen des § 10 Abs. 4 KWG üblicherweise erfüllen. So schreibt auch beispielsweise § 22 des Hessischen Sparkassengesetzes vor, dass stille Beteiligungen nach Maßgabe des § 10 Abs. 4 KWG ausgegeben werden müssen.

Als Zwischenergebnis ist damit festzuhalten, dass das bilanzielle Eigenkapital, bestehend aus Geschäftsguthaben bei Genossenschaftsbanken, Vermögenseinlagen stiller Gesellschafter, Dotationskapital und Rücklagen abzüglich des Bilanzgewinns, in das Kernkapital einzubeziehen ist und für Genossenschaftsbanken und Sparkassen fast eindeutig ermittelt werden kann.

Der Sonderposten für allgemeine Bankrisiken, in der Bilanz als „Fonds für allgemeine Bankrisiken" bezeichnet (Passivposition 11), wird mit seinem Bilanzwert als Kernkapital zum haftenden Eigenkapital hinzugerechnet. Er enthält die offen ausgewiesenen versteuerten Reserven, die Kreditinstitute zur Sicherung der allgemeinen Risiken des Bankgeschäfts bilden dürfen, „soweit dies nach vernünftiger kaufmännischer Beurteilung wegen der besonderen Risiken des Geschäftszweigs der Kreditinstitute notwendig ist".[76] Aufgrund der Eigenschaften des Fonds für allgemeine Bankrisiken wird er als Teil des Eigenkapitals angesehen.[77] Die Daten können unmittelbar aus dem Jahresabschluss entnommen werden. 2003 wiesen 190 der untersuchten Genossenschaftsbanken und Sparkassen einen Fonds für allgemeine Bankrisiken aus. Das Gesamtvolumen beträgt 1.357 Mio. €. Bei einem bilanziellen Eigenkapital aller untersuchten Genossenschaftsbanken und Sparkassen von mehr als 70 Mrd. DM ist der Fonds für allgemeine Bankrisiken somit in der Gesamtheit vernachlässigbar, auch wenn er für einzelne Kreditinstitute durchaus von praktischer Relevanz ist. So besteht das Kernkapital bei der BBBank eG zu mehr als einem Drittel aus dem Fonds für allgemeine Bankrisiken.

Somit lässt sich aus den Daten die Aussage gewinnen, dass die Genossenschaftsbanken und Sparkassen auf die Bildung des Fonds für allgemeine Bankrisiken weitestgehend verzichten. Eine Politik der offenen Vorsorge wird nur von wenigen Genossenschaftsbanken und Sparkassen durchgeführt, womit der stillen Vorsorgepolitik des § 340f HGB wohl weiterhin eine besondere Bedeutung zukommt.

Die Abzugspositionen vom Kernkapital sind im nächsten Schritt auf ihre praktische Relevanz und Ermittelbarkeit zu untersuchen.

Der Korrekturposten des BAFin wird mit der aufgestellten Bilanz gegenstandslos,[78] weil er nur für die Zeit zwischen den Bilanzstichtagen festgelegt wird, um zwischenzeitlich aufgetretene Verluste abzubilden. Da das Ziel der vorliegenden Arbeit eine stichtagsbezogene Bankbilanzanalyse ist, muss der Korrekturposten nicht weiter beachtet werden.

Ein etwaiger Bilanzverlust und immaterielle Vermögensgegenstände sind jeweils vom Kernkapital abzuziehen. Beide Positionen lassen sich direkt aus der Bilanz ablesen, wobei die praktische Relevanz sehr gering ist. Während ein Bilanzverlust bei Kreditinstituten fast nie ausgewiesen wird – vorher werden die vorhandenen stillen Reserven oder außerordentliche Erträge aus Zuschüssen der Sicherungseinrichtungen realisiert oder als letzter Schritt offene Rücklagen aufgelöst –, ist das Volumen der immateriellen Vermögensgegenstände irrelevant. Alle untersuchten Genossenschaftsbanken und Sparkassen wiesen zusammen ein Volumen von 117 Mio. € aus.

---

[76] § 340g Abs. 1 HGB.
[77] Vgl. Waschbusch (1994), S. 166.
[78] § 10 Abs. 3b Satz 2 KWG.

Auch in Einzelfällen haben die immateriellen Vermögensgegenstände dabei keine Bedeutung erlangt.

Die anderen Abzugspositionen, die Kredite an Gesellschafter und stille Gesellschafter, die zu nicht marktmäßigen Bedingungen ausgegeben wurden, lassen sich aus den Angaben in der Bilanz nicht ermitteln, sind für diese Untersuchung aber unbedeutend. Bei Genossenschaftsbanken stehen einzelnen Genossen nie mehr als 25% des Kapitals oder der Stimmrechte zu, so dass für diese Untersuchung relevante Kredite nicht existieren können. Auch die Einlagen stiller Gesellschafter müssen in diesem Zusammenhang nicht beachtet werden, da in den Fällen, in denen die Herkunft bekannt ist, von den Sparkassenverbänden oder anderen Sparkassen stammen und bei solchen Kapitalverflechtungen besonders auf eine marktmäßige Vergabe geachtet wird, was auch die Mustersatzung des Sparkassenverbandes für stille Einlagen zeigt.[79] Im Folgenden werden die Abzugspositionen somit nicht weiter beachtet.

In diesem Kapitel wurde analysiert, wie das Kernkapital aus den Angaben des Jahresabschlusses ermittelt werden kann. Die Behandlung der Einlagen stiller Gesellschafter ist problematisch, da notwendige Angaben teilweise nicht in der Bilanz gemacht werden müssen. Aufgrund des Volumens der stillen Einlagen ist dieses Problem für die Gesamtuntersuchung allerdings unproblematisch.

Es zeigt sich, dass das Kernkapital bei Genossenschaftsbanken und Sparkassen fast ausschließlich aus Rücklagen und Geschäftsguthaben bei Genossenschaftsbanken besteht.

4.2.2 Ergänzungskapital

Da Ergänzungskapital eine geringere Qualität zur Verlustabdeckung aufweist als Kernkapital, wird es nur bis zu dessen Höhe als haftendes Eigenkapital anerkannt.[80] Es unterteilt sich in Abhängigkeit von der Ausprägung der Eigenkapitalmerkmale weiter in Ergänzungskapital der Klasse 1 und Ergänzungskapital der Klasse 2. Beachtet werden muss, dass zur Anrech-

---

[79] Zu den Mustersatzungen vgl. Möller (1993).
[80] § 10 Abs. 2b Satz 2 KWG.

nung des Ergänzungskapitals als haftendes Eigenkapital keine Pflicht besteht, sondern ein Wahlrecht.[81]

Zum Ergänzungskapital der Klasse 1 zählen:[82]

- diejenigen offenen Rücklagen des Sonderpostens mit Rücklagenanteil, die aus der Einstellung von Gewinnen aus der Veräußerung von Grundstücken, grundstücksgleichen Rechten und Gebäuden stammen,

- Genussrechtskapital,

- Vorzugsaktien, die bei der Berechnung des Kernkapitals nicht berücksichtigt werden dürfen,

- die stillen Reserven in Wertpapieren sowie Grundstücken und Gebäuden (Neubewertungsreserven) sowie

- die bilanzpolitischen stillen Vorsorgereserven nach § 340f HGB.

Das Ergänzungskapital der Klasse 2 setzt sich aus dem Haftsummenzuschlag bei Genossenschaftsbanken und aus nachrangigen Verbindlichkeiten zusammen[83] und wird nur bis zur Höhe von 50% des Kernkapitals als haftendes Eigenkapital anerkannt.[84]

4.2.2.1 Rücklagen gemäß § 6b EStG

Der Sonderposten mit Rücklageanteil wird gemäß § 247 Abs. 3 HGB gebildet. Danach dürfen Kreditinstitute solche Posten bilden, bei denen „das Steuerrecht die Anerkennung des Wertansatzes bei der steuerlichen Gewinnermittlung davon abhängig macht, dass der Sonderposten in der Bilanz gebildet wird" (umgekehrte Maßgeblichkeit nach § 5 Abs. 1 Satz 2 EStG).[85] Bedeutendste Position innerhalb des Sonderpostens ist bei den untersuchten Kreditinstituten die Rücklage gemäß § 6b EStG. Sie hat einen Anteil am

---

[81] Im KWG ist ausdrücklich von „kann ... berücksichtigt werden" die Rede. Vgl. § 10 Abs. 2b Satz 2 KWG.
[82] § 10 Abs. 2b Satz 1 i. V. m. Satz 3 KWG.
[83] § 10 Abs. 2b Satz 3 KWG.
[84] § 10 Abs. 2b Satz 3 KWG.
[85] § 273 HGB.

Sonderposten mit Rücklageanteil von 99%. Andere Positionen spielen fast keine Rolle.

Aufgrund des Eigenkapitalcharakters des Nicht-Ertragsteuerteils werden die Rücklagen nach § 6b EStG in Höhe von 45% als Ergänzungskapital erster Klasse anerkannt. Dies ist allerdings nur dann erlaubt, sofern sie aus der Veräußerung von Grundstücken, grundstücksgleichen Rechten und Gebäuden entstanden sind.[86]

Die Vorschriften, nach denen der Sonderposten gebildet wird, sind in Bilanz oder Anhang anzugeben.[87] Somit ist aus den Angaben im Jahresabschluss ermittelbar, welcher Teil des Sonderpostens aus Rücklagen aus § 6b EStG stammt. Allerdings ist den Angaben nicht immer eindeutig entnehmbar, welcher Teil die Voraussetzungen als Ergänzungskapital erfüllt, d. h. auf die Veräußerung von Grundstücken, grundstücksgleichen Rechten und Gebäuden entfällt.

Wegen des geringen Volumens der Rücklagen nach § 6b EStG von insgesamt 48 Mio. € und des damit maximal anerkennungsfähigen Anteils von 45% = 22 Mio. € ist die Position bei Genossenschaftsbanken und Sparkassen fast bedeutungslos. Auch im Einzelfall hat diese Position keine größere Bedeutung erlangt. In dieser Untersuchung wird davon ausgegangen, dass die Rücklagen nach § 6b EStG komplett aus der Veräußerung von Grundstücken, grundstücksgleichen Rechten und Gebäuden entstanden sind und somit die Voraussetzungen als haftendes Eigenkapital erfüllen, da ein durch die Vollanrechnung möglicherweise gemachter Fehler aufgrund des geringen Volumens auch im Einzelfall bedeutungslos ist.

4.2.2.2 Genussrechtskapital

Genussrechtskapital stellt eine Mischform zwischen Aktien und festverzinslichen Wertpapieren dar. Einerseits verbrieft es einen bestimmten Teil am Gewinn bzw. am Verlust, gewährt jedoch andererseits nicht die gleichen Rechte, die ein Aktionär besitzt, insbesondere nicht das Stimmrecht.[88]

Obwohl genaue Angaben zum Genussrechtskapital im Regelfall fehlen, kann im Folgenden eine komplette Zurechnung zum Ergänzungskapital er-

---

[86] § 10 Abs. 2b Satz 1 Nr. 3 KWG.
[87] § 273 HGB.
[88] Vgl. beispielsweise Schlagheck (1998), S. 83 ff.

folgen. Dies lässt sich damit begründen, dass Genussrechte von Kreditinstituten erst seit 1984 emittiert werden, als sie erstmals als haftendes Eigenkapital anrechnungsfähig wurden.[89] Wenn Genussrechtskapital aber erst seitdem emittiert werden, lässt sich davon ausgehen, dass eine Emission im Rahmen der KWG-Vorschriften erfolgt. Zudem ist beispielsweise in § 21 des Hessischen Sparkassengesetzes vorgeschrieben, dass eine Emission von Genussrechtskapital nach Maßgabe des § 10 Abs. 5 KWG zu erfolgen hat.

Abzuziehen sind lediglich diejenigen Beträge, die innerhalb der nächsten zwei Jahre fällig werden, was aus dem darunter-Vermerk „vor Ablauf von zwei Jahren fällig" in der Bilanz ersichtlich wird. In dieser Position sind auch die nicht als Ergänzungskapital anerkannten anteiligen Zinsen enthalten, sofern sie unter der Position Genussrechtskapital ausgewiesen werden. Damit erreicht das Genussrechtskapital bei den Genossenschaftsbanken insgesamt 1,35 Mrd. € und bei den Sparkassen insgesamt 1,87 Mrd. €.

4.2.2.3 Vorzugsaktien

Vorzugsaktien dürfen – wie oben beschrieben – beim Kernkapital nicht berücksichtigt werden, können aber als Ergänzungskapital dem haftenden Eigenkapital wieder hinzugerechnet werden. Da in dieser Untersuchung ausschließlich Genossenschaftsbanken und Sparkassen betrachtet werden, müssen Vorzugsaktien nicht weiter beachtet werden.

4.2.2.4 Neubewertungsreserven

Die Höhe der Neubewertungsreserven ist dann im Jahresabschluss zu veröffentlichen, wenn sie als haftendes Eigenkapital angerechnet werden. Damit ist die Höhe für die Banken bekannt, die sie anrechnen lassen.

Die Neubewertungsreserven geben 137 Genossenschaftsbanken und 100 Sparkassen an. Das Volumen beträgt 734 Mio. €.

---

[89] Vgl. Seuster / Gerhard (1990), S. 140.

4.2.2.5 Nachrangige Verbindlichkeiten

Verbindlichkeiten gelten als nachrangig, wenn sie im Falle der Liquidation oder des Konkurses eines Unternehmens erst nach den Forderungen anderer Gläubiger erfüllt werden dürfen.[90] Aufgrund dieses besonderen Charakters werden nachrangige Verbindlichkeiten bei Kreditinstituten in einer eigenständigen Bilanzposition (Passivposition Nr. 9) ausgewiesen und unter bestimmten Voraussetzungen bankaufsichtsrechtlich als haftendes Eigenkapital anerkannt. Problematisch ist, dass in der Bilanzposition „Nachrangige Verbindlichkeiten" nicht nur diejenigen nachrangigen Verbindlichkeiten ausgewiesen werden, die als haftendes Eigenkapital anerkennungsfähig sind. Vielmehr umfasst diese Position auch nachrangige Verbindlichkeiten, die zwar das konstitutive Merkmal der Nachrangigkeit, nicht aber die weiteren Voraussetzungen für die Anerkennung als haftendes Eigenkapital erfüllen.[91]

Vorausgesetzt wird im Folgenden, dass alle nachrangigen Verbindlichkeiten die Anforderungen des § 10 Abs. 5a KWG erfüllen. Für die nachrangigen Verbindlichkeiten, die 10% des Gesamtbetrages übersteigen, lässt sich aus den Angaben im Anhang eindeutig ermitteln, ob sie die Anforderungen erfüllen. Für diejenigen nachrangigen Verbindlichkeiten, die unterhalb der 10%-Grenze liegen, lassen sich die Voraussetzungen nicht immer überprüfen, allerdings kann aufgrund der freiwilligen Angaben der untersuchten Kreditinstitute angenommen werden, dass auch alle nachrangigen Verbindlichkeiten unterhalb der 10%-Grenze als haftendes Eigenkapital anrechnungsfähig sind.

Für die anteiligen Zinsen wird dabei unterstellt, dass keine nicht nachweisbaren anteiligen Zinsen existieren. Diese Prämisse ist für die Gesamtuntersuchung wie auch für einzelne Kreditinstitute problemlos, da der Anteil der anteiligen Zinsen an den nachrangigen Verbindlichkeiten maximal den Zinssatz für nachrangige Verbindlichkeiten ausmachen kann.

---

[90] Vgl. § 4 Abs. 1 RechKredV.
[91] § 4 Abs. 1 RechKredV.

4.2.2.6 Haftsummenzuschlag bei Genossenschaftsbanken

Der Haftsummenzuschlag[92] ergibt sich aus der gesetzlichen Vorgabe, dass sich die Genossen einer Genossenschaftsbank nicht nur zu einer Einlage verpflichten, sondern auch zu der Übernahme einer zusätzlichen Haftsumme, die nicht niedriger als der Geschäftsanteil sein darf.

Der Haftsummenzuschlag wird nur zu 75% des Gesamtbetrages als Ergänzungskapital zweiter Klasse anerkannt und darf maximal 20% des haftenden Eigenkapitals ausmachen.[93] Zusammen mit den nachrangigen Verbindlichkeiten darf der Haftsummenzuschlag maximal 50% des Kernkapitals erreichen.[94] Da der Haftsummenzuschlag im Jahresabschluss anzugeben ist,[95] ist sein Wert aus dem Jahresabschluss direkt ermittelbar. Das anrechenbare Volumen liegt bei den untersuchten Genossenschaftsbanken bei 5,2 Mrd. € bei einem Gesamtvolumen des Haftsummenzuschlags von 10,3 Mrd. €.

4.2.2.7 Vorsorgereserven nach § 340f HGB

Bankaufsichtsrechtlich werden Vorsorgereserven, die gemäß § 340f HGB gebildet werden dürfen, als Ergänzungskapital dem haftenden Eigenkapital hinzugerechnet, wobei die übliche Beschränkung des Ergänzungskapitals auf die Höhe des Kernkapitals gilt.

Da die Vorsorgereserven aus der GuV nicht entnommen werden können, ist man auf zusätzliche Angaben im Jahresabschluss angewiesen, aus denen sich die Höhe der Vorsorgereserven bestimmen lässt. Zur exakten Ermittlung der Vorsorgereserven nach § 340f HGB wird auf die Berechnungsweise des haftenden Eigenkapitals zurückgegriffen. Aus der Beziehung haftendes Eigenkapital = Kernkapital + Ergänzungskapital und durch die Aufgliederung des Ergänzungskapitals lässt sich folgende Beziehung aufstellen:[96]

---

[92] § 10 Abs. 2b Satz 1 Nr. 8 KWG, vgl. auch Verordnung über die Festsetzung eines Zuschlages für die Berechnung des haftenden Eigenkapitals von Kreditinstituten in der Rechtsform der eingetragenen Genossenschaft (Zuschlagsverordnung).

[93] Vgl. auch die Verordnung über die Festsetzung eines Zuschlages für die Berechnung des haftenden Eigenkapitals von Kreditinstituten in der Rechtsform der eingetragenen Genossenschaft (Zuschlagsverordnung).

[94] § 10 Abs. 3 KWG.

[95] § 338 Abs. 1 Satz 2 HGB.

[96] Vgl. zur Methodik Padberg / Werner (1999), S. 974 ff.

Vorsorgereserven =	haftendes Eigenkapital – Kernkapital – sonstige Bestandteile des Ergänzungskapitals

Wie gezeigt wurde, lassen sich die sonstigen Bestandteile des Ergänzungs-kapitals weitgehend aus den Angaben in den Jahresabschlüssen ermitteln. Werden zusätzlich noch Angaben über die Höhe des haftenden Eigenkapitals gemacht, lassen sich die Vorsorgereserven somit retrograd ermitteln. Insgesamt lassen sich bei 55 Sparkassen Vorsorgereserven von 1,3 Mrd. € und bei 445 Genossenschaftsbanken Vorsorgereserven von 1,6 Mrd. € nachweisen.

Als Ergebnis lässt sich festhalten, dass entgegen der Meinung von *Bieg*[97] bilanzpolitische stille Vorsorgereserven nach § 340f HGB bei zahlreichen Genossenschaftsbanken und Sparkassen exakt nachweisbar sind. Mit dem vorgestellten Verfahren ist es erstmals möglich, die Höhe dieser stillen Reserven zu ermitteln.

4.3   Strukturanalyse des haftenden Eigenkapitals

Ziel des vierten Kapitels war die Ermittlung des haftenden Eigenkapitals aus den Angaben im Jahresabschluss. Es hat sich gezeigt, dass das haftende Eigenkapital im Wesentlichen aus den Angaben im Jahresabschluss einer Bank ermittelt werden kann, womit die Struktur des haftenden Eigenkapitals eingehend analysiert werden kann.

Tabelle 19 zeigt die Struktur des haftenden Eigenkapitals für die beiden Bankengruppen.

---

[97] Vgl. Bieg (1998), S. 448.

Tabelle 19: Struktur des haftenden Eigenkapitals

	Genossenschaftsbanken		Sparkassen	
	Volumen in Mrd. €	Anteil am hEk in %	Volumen in Mrd. €	Anteil am hEk in %
Kernkapital	**23,8**	**70**	**43,7**	**74**
Genussrechtskapital	1,4	4	1,5	3
Neubewertungsreserven	0,3	1	0,5	1
Vorsorgereserven	1,6	5	1,3	2
Ergänzungskapital der Klasse 1	**3,3**	**10**	**3,3**	**6**
Nachrangige Verbindlichkeiten	1,6	5	12,0	20
Haftsummenzuschlag	5,2	15	0	0
Ergänzungskapital der Klasse 2	**6,8**	**20**	**12,0**	**20**
Ergänzungskapital gesamt	**10,1**	**30**	**15,3**	**26**
haftendes Eigenkapital	**33,9**	**100**	**59,0**	**100**

Das Kernkapital hat bei beiden Bankengruppen die größte Bedeutung, was sich allerdings zwangsläufig aus der Beschränkung des Ergänzungskapitals auf die Höhe des Kernkapitals ergibt. Durch die Anrechnungsfähigkeit des Haftsummenzuschlags bei Genossenschafsbanken spielt Ergänzungskapital bei diesen eine größere Rolle als bei Sparkassen, so dass sich ein etwas geringerer Anteil des Kernkapitals am haftenden Eigenkapital ergibt.

Die Bestandteile des Ergänzungskapitals zeigen die unterschiedliche Struktur des Ergänzungskapitals bei den beiden Bankengruppen auf. Bei den Genossenschaftsbanken entfällt der größte Teil des Ergänzungskapitals auf den Haftsummenzuschlag. Dementsprechend gering ist der Anteil der ebenfalls zum Ergänzungskapital der Klasse 2 gehörenden nachrangigen Verbindlichkeiten, während er bei den Sparkassen deutlich höher liegt.

Auffällig ist bei beiden Bankengruppen die Anrechnung stiller Reserven. Neubewertungsreserven spielen, obwohl sie im Einzelfall teilweise hohe Beträge erreichen, nur eine geringe Rolle beim Ergänzungskapital, da der größte Teil der Banken auf eine Anrechnung verzichtet. Vorsorgereserven machen hingegen – sofern nachweisbar - etwa ein Viertel bzw. ein Drittel des Ergänzungskapitals aus. Die umfangreichen stillen Reserven, über die die Banken mit den Vorsorgereserven verfügen, werden damit deutlich.

5 Risikoanalyse

5.1 Risikokennziffern und Eigenkapitalquoten

Die bankaufsichtsrechtliche Eigenkapitalausstattung bildet einen Schwerpunkt des Gesetzes über das Kreditwesen (KWG). In § 10 Abs. 1 Satz 1 KWG wird ausgeführt: „Die Institute müssen im Interesse der Erfüllung ihrer Verpflichtungen gegenüber ihren Gläubigern, insbesondere zur Sicherheit der ihnen anvertrauten Vermögenswerte, angemessene Eigenmittel haben".[98] Als Institute gelten gemäß § 1 Abs. 1b KWG Kreditinstitute[99] und Finanzdienstleistungsinstitute.[100]

Die Eigenkapitalausstattung wird in § 10 KWG i. V. m. § 2 Abs. 1 Grundsatz I dann als angemessen angenommen, wenn die Höhe der ausfallrisikobehafteten[101] Geschäfte eines Kreditinstitutes – gemessen durch die Höhe der Risikoaktiva (RA) – maximal das 12,5fache des haftenden Eigenkapitals (hEk) erreicht. Umgekehrt bedeutet dies, dass das haftende Eigenkapital mindestens 8% der Risikoaktiva betragen muss.[102]

Haftendes Eigenkapital $\geq 0{,}08 \times$ Risikoaktiva $\Leftrightarrow$ Risikoaktiva $\leq 12{,}5 \times$ haftendes Eigenkapital

---

Zur Messung der bankaufsichtsrechtlichen Eigenkapitalausstattung existieren zwei Eigenkapitalkennzahlen.[103] Der Solvabilitätskoeffizient (Solva) bildet das Verhältnis von haftendem Eigenkapital zu den Risikoaktiva ab. Aus Formel 1 ergibt sich, dass sein Anteil mindestens 8% betragen muss,

---

[98] Zur historischen Entwicklung der Bankenaufsicht vgl. auch Waschbusch (2000), S. 89 ff.

[99] Zur Definition des Begriffes „Kreditinstitut" im KWG vgl. § 1 Abs. 1 KWG.

[100] Zur Definition des Begriffes „Finanzdienstleistungsinstitut" im KWG vgl. § 1 Abs. 1a KWG.

[101] Unter Risiko wird dabei die negative Abweichung von einem erwarteten Wert verstanden. Vgl. Hartmann-Wendels / Pfingsten / Weber (2000), S. 538 ff. Zu den Risiken im Bankgeschäft vgl. Eilenberger (1997), S. 209.

[102] Vgl. § 2 Abs. 1 Grundsatz I. Falls das haftende Eigenkapital unzureichend ist, kann das Bundesaufsichtsamt für das Kreditwesen Maßnahmen gemäß § 45 KWG ergreifen.

[103] Aus der Zusammensetzung des haftenden Eigenkapitals lassen sich weitere Kennzahlen bilden, die in Kapitel 3 dargestellt werden.

seine Obergrenze jedoch unendlich ist, wenn die Risikoaktiva auf Null reduziert werden, aber haftendes Eigenkapital größer Null besteht.[104]

$$\text{Solva} = \frac{\text{haftendes Eigenkapital}}{\text{Risikoaktiva}}$$

Das haftende Eigenkapital wird um die Drittrangmittel zum Begriff der Eigenmittel erweitert. Die Drittrangmittel dienen der Unterlegung der Marktrisikopositionen, die sich aus der Summe der Handelsbuch-Risikoposition, der Währungsgesamt- und der Rohwarenposition ergeben.[105]

Für die Summe aus Risikoaktiva und den Marktrisikopositionen wird der Begriff Risikopositionen verwendet,[106] wobei die Marktrisikopositionen zur Vergleichbarmachung mit den Risikoaktiva mit dem Faktor 12,5 multipliziert werden, um auch an dieser Stelle die Relation von 8% abzubilden. Die Gesamtkennziffer muss dementsprechend ebenfalls mindestens einen Wert von 8% erreichen.

$$\text{Gesamtkennziffer} = \frac{\text{haftendes Eigenkapital} + \text{Drittrangmittel}}{\text{Risikoaktiva} + \text{Marktrisikopositionen} \times 12,5} \geq 8\%$$

Während Gläubiger immer eine hohe Gesamtkennziffer bzw. einen hohen Solvabilitätskoeffizienten wünschen, befinden sich Anteilseigner in einem Zielkonflikt zwischen hohen und niedrigeren Eigenkapitalquoten. Ein hoher Solvabilitätskoeffizient bzw. eine hohe Gesamtkennziffer erhöhen die Sicherheit und damit die Bonität. Als Folge sinken die Refinanzierungskosten für die Bank. Dies kann aber zu einem Zuviel an Eigenkapital führen. Die Ressourcen bleiben teilweise ungenutzt, was sich negativ auf die Rendite

---

[104] Dieser Fall tritt dann ein, wenn ein Kreditinstitut neu gegründet wird und das Kapital bar vorhanden ist oder wenn ein Kreditinstitut ausschließlich risikolose Aktivgeschäfte eingegangen ist.

[105] Zu den genauen Vorschriften vgl. Hartmann-Wendels / Pfingsten / Weber (2000), S. 371 ff.

[106] Vgl. Grundsatz I § 2.

auswirkt. Der beschriebene Zielkonflikt wird belegt durch Äußerungen der Deutsche Bank AG im Geschäftsbericht 1995: „Damit liegt unsere Eigen-kapitalausstattung deutlich über den Mindestanforderungen und den inter-national üblichen Vergleichszahlen. Dies wird zunächst rechnerisch einen dämpfenden Einfluss auf die Eigenkapitalrendite haben. Erst im Zuge von weiterem ertragsstarkem Wachstum wird sich diese Kennzahl wieder nor-malisieren, weil - wie in den letzten Jahren - unser Wachstum auch weiter-hin aus eigener Kraft finanziert werden kann." Die Eigenkapitalrentabilität bildet aufgrund des Leverage-Effektes in Verbindung mit den bankauf-sichtsrechtlichen Vorschriften des Grundsatzes I eine der zentralen zu ana-lysierenden Kennzahlen in der Bankbilanzanalyse.[107]

Die Gesamtkennziffer wird im Rahmen dieser Arbeit nicht weiter beachtet, da der Handelsbestand bei Genossenschaftsbanken und Sparkassen im Ge-gensatz zu der Lage bei den Großbanken nur eine geringe Bedeutung hat und damit auch Marktpreisrisiken im Handelsbestand nur in einem geringen Umfang bestehen. Dies lässt sich aus den Daten der Deutschen Bundesbank über die Höhe von Solvabilitätskoeffizient und Gesamtkennziffer für die verschiedenen Bankengruppen herauslesen, die in Abbildung 8 dargestellt ist.

Zwischen den beiden Kennzahlen besteht bei Genossenschaftsbanken und Sparkassen außer bei Zentral- gleich Handelsbuchinstituten nur ein geringer Unterschied.[108] Im Folgenden wird deshalb auf die Bestimmung der Ge-samtkennziffer verzichtet. Auch Drittrangmittel und die Anrechnungsbeträ-ge für Marktpreisrisiken spielen für diese Untersuchung damit keine Rolle.

---

[107] Vgl. Werner / Padberg (2002), S. 11 ff.
[108] Theoretisch würde sich die Gesamtkennziffer gegenüber dem Solvabilitätskoeffizien-ten auch dann nicht verändern, wenn das Verhältnis der Drittrangmittel zu den Markt-preisrisiken dem Solvabilitätskoeffizienten entspricht (vgl. Formeln 2 und 3).

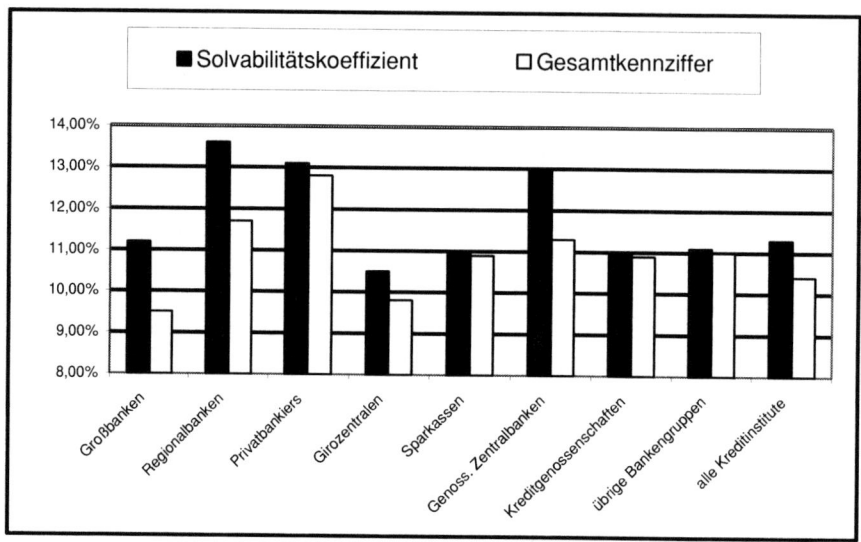

Abbildung 8: Gesamtkennziffer und Solvabilitätskoeffizient 1998[109]

Ziel dieses Kapitels ist es deshalb, die Risikoaktiva und darauf aufbauend die Kernkapitalquote und den Solvabilitätskoeffizienten extern zu ermitteln.

5.2 Externe Ermittlung der Risikoaktiva

5.2.1   Einführung

Zur Ermittlung der bankaufsichtsrechtlichen Eigenkapitalkennzahlen ist neben der Höhe des haftenden Eigenkapitals auch die exakte Höhe der bankaufsichtsrechtlichen Risikopositionen zu bestimmen. Diese bilden die Höhe des Ausfallrisikos mit Hilfe der Risikoaktiva und die Höhe der Marktpreisrisiken mit Hilfe der Anrechnungsbeträge für Marktpreisrisiken ab. Lassen sich die Risikopositionen aus den Angaben in den Jahresabschlüssen nicht ermitteln, so ist auch eine Analyse der bankaufsichtsrechtlichen Eigenkapitalkennzahlen nicht möglich. Ziel dieses Kapitels ist es deshalb, ein Verfahren zur Bestimmung der Risikopositionen zu entwickeln.

Eine generelle Ermittlung ist nur dann möglich, wenn gesetzliche Bestimmungen existieren, die die Kreditinstitute zur Publikation der Risikopositi-

---

[109] Quelle: Deutsche Bundesbank (1999), S. 165.

onen im Jahresabschluss verpflichten. Ansonsten ist der externe Bilanzleser auf freiwillige Angaben sowie auf Näherungsrechnungen aufgrund von sonstigen Angaben im Jahresabschluss angewiesen.

Entsprechend wird im nächsten Schritt geprüft, ob Vorschriften existieren, nach denen Kreditinstitute ihre Risikopositionen veröffentlichen müssen.

5.2.2 Vorschriften über die Publizität der Risikopositionen im Jahresabschluss

Für den Einzelabschluss existieren in Deutschland im Gegensatz zum Konzernabschluss zurzeit keine Vorschriften zur Veröffentlichung der Risikopositionen, womit die Genossenschaftsbanken und Sparkassen im Einzelabschluss ihre Risikopositionen nicht angeben müssen. Im Konzernabschluss haben dagegen auch die Genossenschaftsbanken und Sparkassen eine Segmentberichterstattung gemäß § 297 Abs. 1 Satz 2 HGB i. V. m. § 340i HGB zu veröffentlichen, womit bei Beachtung des DRS 3-10 die Angabe der Risikopositionen notwendig ist. Allerdings stellen nur wenige Genossenschaftsbanken und Sparkassen einen Konzernabschluss auf.

5.2.3 Ermittlung auf Basis freiwilliger Angaben

5.2.3.1 Angabe der Risikopositionen bzw. Risikoaktiva im Jahresabschluss

Wie im vorigen Abschnitt gezeigt wurde, sind die Risikopositionen der Genossenschaftsbanken und Sparkassen aus den Angaben in den Geschäftsberichten zu entnehmen, die eine Segmentberichterstattung erstellen. Auch einige andere Sparkassen publizieren freiwillig die Risikopositionen. Tabelle 20 gibt einen Überblick über die Angaben.

Tabelle 20: Risikopositionen der Genossenschaftsbanken und Sparkassen 2003

	Risikopositionen gesamt in Mio. €
Frankfurter Sparkasse	7.636
Kreissparkasse Riesa-Großenhain	408
Müritz-Sparkasse	227
Nassauische Sparkasse	10.060
Sparkasse zu Lübeck	1.761
Sparkasse Zwickau	983
Stadtsparkasse Hemer	357
Stadtsparkasse Hilchenbach	145
Stadtsparkasse Köln	14.578
Sachsen-Finanzverband	25.551

Bei allen anderen untersuchten Kreditinstituten ist man auf weitere Angaben angewiesen, aus denen die Risikoaktiva exakt berechnet werden können.

5.2.3.2 Ermittlung der Risikoaktiva über weitere Angaben

Wird die Höhe der Risikopositionen nicht im Jahresabschluss angegeben, ist der externe Bilanzleser auf weitere Angaben angewiesen, aus denen sich die Risikopositionen retrograd ermitteln lassen. Da für den Solvabilitätskoeffizienten gilt

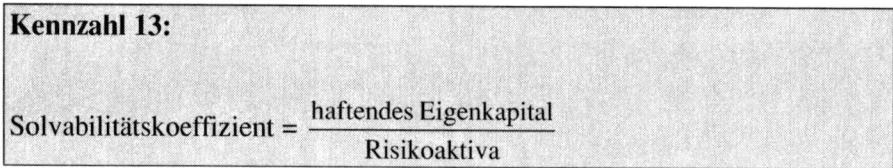

Kennzahl 13:

$$\text{Solvabilitätskoeffizient} = \frac{\text{haftendes Eigenkapital}}{\text{Risikoaktiva}}$$

folgt daraus

$$\text{Risikoaktiva} = \frac{\text{haftendes Eigenkapital}}{\text{Solvabilitätskoeffzient}}$$

Bei freiwilligen Angaben über das haftende Eigenkapital und den Solvabilitätskoeffizienten lassen sich die Risikoaktiva somit exakt berechnen. Ebenso verhält es sich, wenn das Kernkapital und die Kernkapitalquote im Jahresabschluss publiziert werden, da für die Kernkapitalquote gilt

Kennzahl 14:

$$\text{Kernkapitalquote} = \frac{\text{Kernkapital}}{\text{Risikoaktiva}}$$

Für die Risikoaktiva gilt damit der Zusammenhang

$$\text{Risikoaktiva} = \frac{\text{Kernkapital}}{\text{Kernkapitalquote}}$$

Für 13 Sparkassen und 465 Genossenschaftsbanken lassen sich die Risikoaktiva auf diese Weise berechnen. Damit sind für 40% der untersuchten Banken die Risikoaktiva extern exakt berechenbar.

Für alle anderen Genossenschaftsbanken und Sparkassen ist zu untersuchen, ob ein Verfahren entwickelt werden kann, dass die näherungsweise Bestimmung der Risikoaktiva aus den Angaben im Jahresabschluss gestattet.

5.2.4   Bestimmung der maximalen und minimalen Risikoaktiva

5.2.4.1 Ermittlung maximaler und minimaler Risikoaktiva aus den Bilanzangaben

Für diejenigen Kreditinstitute, für die eine exakte Berechnung der Risikoaktiva nicht möglich ist, wird eine approximative Berechnung durchgeführt. Im ersten Schritt werden die maximalen und minimalen Risikoaktiva bestimmt, in deren Rahmen sich die tatsächlichen Risikoaktiva bewegen müssen. Hierzu werden die Bestandteile der Risikoaktiva gemäß Grundsatz I einzeln daraufhin untersucht, ob sie aus den Daten der Bankbilanz ermittelbar sind.

Bei der Berechnung der Risikoaktiva werden drei Komponenten gemäß Grundsatz I unterschieden:[110]

1. die innovativen bilanzunwirksamen Geschäfte,

2. die traditionellen bilanzunwirksamen Geschäfte sowie

3. die bilanzwirksamen Geschäfte.

Innovative bilanzunwirksame Geschäfte werden von Genossenschaftsbanken und Sparkassen nur in einem sehr geringen Ausmaß abgeschlossen. Das häufig im Anhang angegebene Adressenausfallrisiko dieser Positionen ist im Verhältnis zum Risiko aus den bilanzwirksamen Geschäften so gering, dass auf eine Hinzurechnung verzichtet werden kann. Nach der Einschätzung des BAFin wird der überwiegende Teil der innovativen bilanzunwirksamen Geschäfte zur Schließung von offenen Positionen getätigt.[111]

Der Großteil der traditionellen bilanzunwirksamen Geschäfte (in der Bilanz Betrag unter dem Strich) besteht aus Geschäften, die mit 100% gewichtet werden. Ausnahme sind die unwiderruflichen Kreditzusagen, die je nach Laufzeit mit 50% oder 0% gewichtet werden.[112] Die Konsequenzen für diese Untersuchung werden nach Darstellung der bilanzwirksamen Geschäfte erläutert.[113]

---

[110] Vgl. Boos / Schulte-Mattler (1992), S. 639 ff.; Boos / Schulte-Mattler (1993), S. 358 ff.; Dürselen (1994), S. 100 ff.; Schulte-Mattler / Traber (1997), S. 32 f.; Werner / Padberg (1998), S. 16 ff. Vgl. auch Walker (1997), S. 418.

[111] Vgl. BAKred (1990), S. 6; zitiert nach Waschbusch (2000), S. 262, FN 244.

[112] Vgl. Waschbusch (2000), S. 253 f.

[113] Es wird dabei vorausgesetzt, dass keine Geschäfte bestehen, die nicht in der Position unter dem Strich ausgewiesen werden.

Die bilanzwirksamen Geschäfte müssen differenzierter nach den einzelnen Bilanzpositionen untersucht werden. Abbildung 9 zeigt die Adressengewichtungsfaktoren (in %) für die bilanzwirksamen Geschäfte.[114]

Bilanzaktiva	Adressengewichtungs-faktoren des Grundsatzes I (in %)
1. Guthaben bei Zentralnotenbanken	
Deutsche Bundesbank	0
Sonstige Zentralnotenbanken der Zone A (OECD-Länder)[115]	0
Zentralnotenbanken der Zone B (sonstige Länder)[116]	
in der Währung des Schuldnerlandes und in dieser refinanziert (Lokalwährung)	0
sonstige Guthaben	100

---

[114] Zu Untersuchungen über die empirische Überprüfung der Adressengewichtigungen vgl. Bradley / Wambeke / Whidbee (1991), S. 875 ff.

[115] Zu den Ländern der Zone A zählen die OECD-Mitgliedstaaten sowie Staaten, die ein spezielles Abkommen mit dem IMF haben und innerhalb der letzten fünf Jahre keine Auslandsschulden umgeschuldet haben. Vgl. Harold / Mucknauer (1999), S. 938.

[116] Zur Zone B zählen alle Länder, die nicht der Zone A angehören. Vgl. Harold / Mucknauer (1999), S. 938.

Bilanzaktiva	Adressengewichtungs-faktoren des Grundsatzes I (in %)
2. Schuldtitel öffentlicher Stellen und Wechsel, die zur Refinanzierung bei Zentralnotenbanken zugelassen sind	
Schatzwechsel und unverzinsliche Schatzanweisungen sowie ähnliche Schuldtitel öffentlicher Stellen	
des Bundes, der Länder und Gemeinden (Inland)	0
von Zentralregierungen und Zentralnotenbanken	0
der Zone A	
der Zone B	
in der Währung des Schuldnerlandes und in dieser refinanziert (Lokalfinanzierung)	0
sonstige Schuldtitel	100
von Regionalregierungen und örtlichen Gebietskörperschaften	
der Zone A	
sofern der EU-Mitgliedstaat eine 0%-Gewichtung vorsieht und die Kommission dies bekannt gemacht hat	0
sonstige Schuldtitel	20
der Zone B	100
der Europäischen Gemeinschaften	0
Wechsel, die zur Refinanzierung bei Zentralnotenbanken zugelassen sind	analog zu Nr. 3 und Nr. 4
3. Forderungen an Kreditinstitute	
Kreditinstitute im Geltungsbereich des KWG	20
Sonstige Kreditinstitute der Zone A	20
Kreditinstitute der Zone B	
Ursprungslaufzeit der Forderungen bis einschließlich 1 Jahr	20
Ursprungslaufzeit der Forderung von mehr als 1 Jahr	100
Internationale Spezialkreditinstitute	
Europäische Investitionsbank	20
Multilaterale Entwicklungsbanken	20

Bilanzaktiva	Adressengewichtungsfaktoren des Grundsatzes I (in %)
4. Forderungen an Kunden	
Bund, Länder, Gemeinden, Gemeindeverbände,	
unmittelbare Landes- und Gemeindeverwaltungen und Sondervermögen des Bundes	0
Zentralregierungen und Zentralnotenbanken	
der Zone A	0
der Zone B	
in der Währung des Schuldnerlandes und in dieser refinanziert (Lokalfinanzierung)	0
sonstige Forderungen	100
Regionalregierungen und örtliche Gebietskörperschaften	
der Zone A	
sofern der EU-Mitgliedstaat eine 0%-Gewichtung vorsieht und die Kommission dies bekannt gemacht hat	0
sonstige Forderungen	20
der Zone B	100
Rechtlich selbständige Verwaltungseinrichtungen und privatrechtliche Unternehmen der inländischen öffentlichen Hand und dergleichen	
ohne Erwerbscharakter	20
mit Erwerbscharakter	100
Sozialversicherungsträger	20
Kirchen	20
sonstige	100
Europäische Gemeinschaften	0
Hypothekarkredite	
Wohnungsbau-Hypothekarkredite	50
Gewerbliche Hypothekarkredite	100
Schiffshypothekarkredite	100
Bauspardarlehen aus Zuteilungen und Darlehen zur Vor- und Zwischenfinanzierung der Bausparkassen	70
Sonstige Forderungen	100

Bilanzaktiva	Adressengewichtungsfaktoren des Grundsatzes I (in %)
5. Schuldverschreibungen und andere festverzinsliche Wertpapiere	
des Bundes, der Länder und Gemeinden (Inland)	0
von Zentralregierungen und Zentralnotenbanken	
der Zone A	0
der Zone B	
in der Währung des Schuldnerlandes und in dieser refinanziert (Lokalfinanzierung)	0
sonstige Schuldverschreibungen und festverzinsliche Wertpapiere	100
von Regionalregierungen und örtlichen Gebietskörperschaften	
der Zone A	
sofern der EU-Mitgliedstaat eine 0%-Gewichtung vorsieht und die Kommission dies bekannt gemacht hat	0
sonstige Schuldverschreibungen und festverzinsliche Wertpapiere	20
der Zone B	100
der Europäischen Gemeinschaften	0
von Kreditinstituten	
Pfandbriefe und öffentliche Pfandbriefe (Kommunalobligationen)	
vor dem 1.1.1998 begebene Papiere	10
ab dem 1.1.1998 begebene Papiere	analog Nr. 3
sonstige Schuldverschreibungen und festverzinsliche Wertpapiere	analog Nr. 3
von sonstigen Emittenten	100 bzw. analog zu Nr. 4
o. a. Bilanzaktiva, die gewährleistet werden, können entsprechend der Adressengewichtung des Garanten oder Sicherungsgebers eingestuft werden	analog Nr. 2 bis Nr. 5

Bilanzaktiva	Adressengewichtungsfaktoren des Grundsatzes I (in %)
o. a. Bilanzaktiva, die gesichert sind in Form von Wertpapieren:	
der Zentralregierungen und Zentralnotenbanken der Zone A	0
der Europäischen Gemeinschaften	0
der Regionalregierungen und örtlichen Gebietskörperschaften der Zone A	
sofern der EU-Mitgliedstaat eine 0%-Gewichtung vorsieht und die Kommission dies bekanntgemacht hat	0
sonstige Regionalregierungen und örtliche Gebietskörperschaften der Zone A	20
der Europäischen Investitionsbank	20
von multilateralen Entwicklungsbanken	20
o. a. Bilanzaktiva, die gesichert sind in Form von Bareinlagen, Einlagenzertifikaten u. ä. Papieren und die ausgegeben sind von und hinterlegt sind bei:	
Kreditgewährendem Kreditinstitut	0
anderem Kreditinstitut der Zone A	20
6. Aktien und andere nicht festverzinsliche Wertpapiere Investmentzertifikate	100 oder entsprechend tatsächlicher Fondszusammensetzung
Sonstige Aktien und andere nicht festverzinsliche Wertpapiere	100
7. Beteiligungen konsolidierte Beteiligungen	
als Einzelinstitut	100
als übergeordnetes Kreditinstitut	0
nicht konsolidierte Beteiligungen, sofern sie nicht vom haftenden Eigenkapital abgezogen worden sind	100

Bilanzaktiva	Adressengewich-tungsfaktoren des Grundsatzes I (in %)
8. Anteile an verbundenen Unternehmen konsolidierte Anteile an verbundenen Unternehmen als Einzelinstitut als übergeordnetes Kreditinstitut nicht konsolidierte Anteile an verbundenen Unternehmen	100 0 100
12. Sachanlagen (Grundstücke, Gebäude, Betriebs- und Geschäftsausstattung und dergleichen)	100
15. Sonstige Vermögensgegenstände (soweit nicht unter Nr. 20 und 22 ausgewiesen)	100
16. (nicht zuzuordnende) Rechnungsabgrenzungs-posten	50
20. im Einzug befindliche Werte	20
21. Warenbestand der Kreditgenossenschaften	100
22. Gegenstände, über die Leasingverträge abgeschlossen worden sind	entsprechend der Adressengewichtung des Leasingnehmers

Abbildung 9:   Anrechnungssätze für die bilanzwirksamen Geschäfte gemäß Grundsatz I[117]

Die Positionen werden nun darauf untersucht, ob den Bilanzpositionen für Genossenschaftsbanken und Sparkassen einheitliche Anrechnungssätze zugerechnet werden können. Nichtgenannte Positionen werden mit 100% berücksichtigt.[118]

Die Barreserve (Aktivposition 1) wird mit Ausnahme unbedeutender Positionen, die aufgrund der regionalen Beschränkung der Genossenschaftsbanken und Sparkassen für diese ohne Belang sind, mit 0% unterlegt, so dass die gesamte Barreserve mit 0% angerechnet werden kann. Wegen des fehlenden Ausfallrisikos werden auch eigene Schuldverschreibungen (Aktivposition 5c), Ausgleichsforderungen gegen die öffentliche Hand (Aktivposition 10) und das Treuhandvermögen (Aktivposition 9) mit 0%

---

[117] Quelle: Dürselen (1994), S. 109 ff. Die Nummerierung erfolgt entsprechend derjenigen im Formblatt I der RechKredV mit Ausnahme der Positionen 20 bis 22, die gemäß der Definition der Bilanzaktiva gesondert aufgeführt werden müssen
[118] Vgl. zu der Vorgehensweise Werner / Padberg (1998).

sition 10) und das Treuhandvermögen (Aktivposition 9) mit 0% angerechnet.

Öffentliche Schuldtitel (Aktivposition 2a) werden mit 0% gewichtet, sofern
es sich nicht um öffentliche Schuldtitel aus Nicht-EU-Ländern der Zone A
(Anrechnung mit 20%) oder aus Ländern der Zone B (Anrechnung mit
100%) handelt. Da Genossenschaftsbanken und Sparkassen ihre Geschäfte
in ihren jeweiligen Regionen abwickeln, kann für diese Position mit einem
Anrechnungssatz von 0% gerechnet werden. Das gleiche gilt für öffentliche
Schuldverschreibungen (Aktivpositionen 5aa und 5ba) und Kommunalkredite (darunter-Vermerk zu Aktivposition 4).

Durch die Unterscheidung zwischen Ländern der Zone A und der Zone B
(Kriterium der Zugehörigkeit zur OECD) wird versucht, das Länderrisiko in
den Risikoaktiva zu berücksichtigen. An dieser Stelle wird die Kritik an der
bestehenden Messung der Risikoaktiva deutlich: Für die Höhe des Länderrisikos werden pauschale Sätze angewendet, die von der tatsächlichen Höhe
des Länderrisikos unabhängig sind. Beispielsweise können steuerrechtlich
die gemessenen Länderrisiken der Fachzeitschriften Euromoney oder Insti-
tutional Investor angesetzt werden.

Für Forderungen an Kreditinstitute (Aktivposition 3) gilt ein einheitlicher
Satz von 20%, sofern es sich nicht um Forderungen an Kreditinstitute aus
Ländern der Zone B mit einer Ursprungslaufzeit von mehr als einem Jahr
handelt. Auch hier kann davon ausgegangen werden, dass dieser Ausnah-
mefall bei Genossenschaftsbanken und Sparkassen nicht auftritt und somit
vernachlässigt werden kann. Forderungen an Kunden werden, sofern sie
durch Grundpfandrechte gesichert sind (darunter-Vermerk zur Aktivposition 4), mit 50% berücksichtigt.

Problematisch ist die Berechnung für diejenigen Forderungen an Kunden,
die nicht aus Kommunalkrediten stammen oder durch Grundpfandrechte
gesichert sind (Aktivposition 4 abzüglich der darunter-Vermerke), und für
diejenigen Schuldverschreibungen, die nicht von öffentlichen Emittenten
stammen (Aktivpositionen 5ab und 5bb). Hier schwankt der Anrechnungssatz zwischen 10% und 100%. So werden Anleihen und Schuldverschreibungen von Kreditinstituten mit 20%, in besonderen Fällen sogar nur zu
10% berücksichtigt. Wenn der Emittent aber eine Nichtbank ist, muss der
Betrag zu 100% unterlegt werden. Forderungen an Kunden werden zu 20%
angerechnet, wenn es sich um Forderungen gegenüber Sozialversicherungs-
trägern, Kirchen u. a. handelt. Bei den genannten Positionen kann aus den
Bilanzdaten nicht ermittelt werden, gegenüber welchem Kontrahenten sie

bestehen. Eine eindeutige Aussage über die Hinzurechnung kann also nicht gemacht werden.

Darüber hinaus sind die unwiderruflichen Kreditzusagen als Teil der traditionellen bilanzunwirksamen Geschäfte als problematisch herausgearbeitet worden. Hier schwankt der Anrechnungssatz je nach Laufzeit zwischen 0% und 50%.

Somit muss eine alternative Vorgehensweise gefunden werden, die eine Hochrechnung auf die gesamte Stichprobe ermöglicht.

Für Forderungen an Kunden, Schuldverschreibungen und unwiderrufliche Kreditzusagen lassen sich durchschnittliche Anrechnungssätze bilden. Als Basis dienen diejenigen Genossenschaftsbanken und Sparkassen, für die die genannten Positionen eindeutig ermittelbar sind. Die tatsächliche Zusammensetzung kann allerdings von Kreditinstitut zu Kreditinstitut nicht unerheblich schwanken. Deshalb wird vor der Berechnung der Durchschnittswerte zunächst ein Intervall berechnet, in dem sich die Risikoaktiva bewegen können.

Minimale Risikoaktiva = (Wechsel + 20% × Forderungen an Kreditinstitute + 50% × Grundpfandrechte + 10% × (Geldmarktpapiere von anderen Emittenten + Anleihen und Schuldverschreibungen von anderen Emittenten) + Aktien + Beteiligungen + Anteile an verbundenen Unternehmen + immaterielle Anlagewerte + Sachanlagen + Sonstige Vermögensgegenstände + Rechnungsabgrenzungsposten + Eventualverbindlichkeiten)

Maximale Risikoaktiva = (Wechsel + 20% × Forderungen an Kreditinstitute + 50% × Grundpfandrechte + 100% × (Forderungen an Kunden – Grundpfandrechte – Kommunalkredite) + 100% × (Geldmarktpapiere von anderen Emittenten + Anleihen und Schuldverschreibungen von anderen Emittenten) + Aktien + Beteiligungen + Anteile an verbundenen Unternehmen + immaterielle Anlagewerte + Sachanlagen + Sonstige Vermögensgegenstände + Rechnungsabgrenzungsposten + Eventualverbindlichkeiten + unwiderrufliche Kreditzusagen)

Die Grenzen ergeben sich einerseits bei einer Anrechnung der Schuldver-schreibungen, Forderungen an Kunden und unwiderruflichen Kreditzusagen mit 0%, andererseits bei jeweils 100%-iger Anrechnung. Damit ist zunächst die Basis berechnet, in der die Risikoaktiva bei jedem Kreditinstitut variie-ren können.

Daneben können Maximal- und Minimalwerte für die Risikoaktiva aus ver-schiedenen Angaben über Neubewertungsreserven, Solvabilitätskoeffizient, Kernkapital oder haftendem Eigenkapital errechnet werden.

5.2.4.2 Ermittlung der maximalen und minimalen Risikoaktiva durch Angaben über das haftende Eigenkapital und seine Bestandteile

Da das haftende Eigenkapital mindestens 8% und das Kernkapital mindes-tens 4% der Risikoaktiva erreichen muss, lassen sich, sofern das jeweils untersuchte Kreditinstitut die bankaufsichtsrechtlichen Vorschriften einhält bzw. bei einem Verstoß im Jahresabschluss darüber berichtet,[119] maximale Obergrenzen für die Risikoaktiva bestimmen. Während das Kernkapital bei Genossenschaftsbanken und Sparkassen – wie oben berichtet – in jedem Fall aus den Bilanzangaben über das bilanzielle Eigenkapital und den Fonds für allgemeine Bankrisiken abzulesen ist, lässt sich das Ergänzungskapital nicht immer eindeutig extern ermitteln. Nur wenn das jeweilige Kreditinsti-tut Angaben über das haftende Eigenkapital macht, lässt sich ein Maximal-wert für die Risikoaktiva bestimmen.

Aus den Restriktionen

$$\text{Kernkapitalquote} = \frac{\text{Kernkapital}}{\text{Risikoaktiva}} \geq 4\%$$

$$\text{Solvabilitätskoeffizient} = \frac{\text{haftendes Eigenkapital}}{\text{Risikoaktiva}} \geq 8\%$$

ergeben sich für die Risikoaktiva die folgenden Beziehungen:

---

[119] Beispielsweise gab die Raiffeisenbank Rödertal eG an, von Januar bis Mai 1997 den Grundsatz I nicht erfüllt zu haben.

Risikoaktiva ≤ 25 × Kernkapital

Risikoaktiva ≤ 12,5 × haftendes Eigenkapital

Darüber hinaus darf ein Kreditinstitut Neubewertungsreserven nur dann als haftendes Eigenkapital anerkennen lassen, wenn die Kernkapitalquote mindestens 4,4% beträgt. Die Anrechnungsfähigkeit der Neubewertungsreserven ist dabei auf 1,4% der Risikoaktiva beschränkt. Daraus ergeben sich für die Risikoaktiva folgende weitere Restriktionen:

Risikoaktiva ≤ 22,73 × Kernkapital, wenn Neubewertungsreserven > 0

Risikoaktiva ≥ 71,43 × Neubewertungsreserven

5.2.4.3 Ermittlung der maximalen Risikoaktiva aufgrund der möglichen Ausschüttungen bei Sparkassen

Die Sparkassengesetze der Bundesländer legen die Ausschüttungsmöglichkeiten der einzelnen Sparkassen an ihre Gewährträger fest.[120] Als Maßgröße zur Bestimmung der Ausschüttungsgrenzen dient dabei in der Regel der Anteil des bilanziellen Eigenkapitals an der Bilanzsumme, wodurch sich maximale Risikoaktiva nicht bestimmen lassen. Eine Ausnahme stellt Nordrhein-Westfalen dar, wo der Anteil der Sicherheitsrücklage an den Risikoaktiva als Maßgröße verwendet wird. So schreibt das Sparkassengesetz des Landes Nordrhein-Westfalen vor, dass

-   bei einem Anteil der Sicherheitsrücklage an den Risikoaktiva von mehr als 7% bis zu 10%,

-   bei einem Anteil der Sicherheitsrücklage an den Risikoaktiva von mehr als 8% bis zu 15%,

---

[120] Einen Überblick über die Regelungen der Sparkassengesetze liefert Mauerer (1999), S. 442 f.

- bei einem Anteil der Sicherheitsrücklage an den Risikoaktiva von mehr als 9% bis zu 20% und

- bei einem Anteil der Sicherheitsrücklage an den Risikoaktiva von mehr als 10% bis zu 25%

des Jahresüberschusses an den Gewährträger ausgeschüttet werden darf.[121] Aus den Ausschüttungen der Sparkassen an ihre Gewährträger bzw. aus den Entscheidungen über die Ausschüttungen, die in den Jahresabschlüssen publiziert werden, lässt sich somit ein Hinweis auf den Anteil der Sicherheitsrücklage an den Risikoaktiva und damit auch auf die Risikoaktiva selbst gewinnen. Bei einer Entscheidungsbefugnis des Verwaltungsrates über 10% des Jahresüberschusses muss der Anteil der Sicherheitsrücklage an den Risikoaktiva zwischen 7% und 8% liegen, da bei einem Anteil von mehr als 8% bereits über 15% des Jahresüberschusses entschieden werden könnte.

In Anhang 16 sind die 24 Sparkassen aufgeführt, für die aus den Angaben im Jahresabschluss ein Mindest- bzw. Maximalanteil der Sicherheitsrücklage an den Risikoaktiva für das Jahr 1998 gewonnen werden konnte.

Aus den jeweiligen Mindestanteilen der Sicherheitsrücklage an den Risikoaktiva ergibt sich für die Höhe der Risikoaktiva folgende Restriktion:

$$\text{Risikoaktiva} \leq \frac{\text{Sicherheitsrücklage}}{\text{Mindestanteil der Sicherheitsrücklage an den Risikoaktiva}}$$

5.2.5 Zielsystem zur Bestimmung der Risikoaktiva und empirische Ergebnisse

5.2.5.1 Bestimmung der Risikoaktiva

Wie in den vorigen Kapiteln gezeigt wurde, lassen sich die Risikoaktiva für eine Reihe von Genossenschaftsbanken und Sparkassen exakt bestimmen. Für alle übrigen lassen sich die Risikoaktiva nur approximativ berechnen.

---

[121] Vgl. Sparkassengesetz des Landes Nordrhein-Westfalen.

Die Bandbreiten werden allerdings durch die sieben dargestellten Restriktionen, in denen sich die Risikoaktiva bewegen können, eingegrenzt.

Zur Bestimmung der Risikoaktiva ist es erforderlich, zunächst zu ermitteln, mit welchen Gewichtungen die Forderungen an Kunden ohne Grundpfandrechte und Kommunalkredite, die Schuldverschreibungen von anderen Emittenten und die unwiderruflichen Kreditzusagen bei den Genossenschaftsbanken und Sparkassen eingehen, deren Risikoaktiva exakt ermitteln werden können.

Ausgangspunkt ist dabei die Gleichung

Risikoaktiva = Wechsel + 20% × Forderungen an Kreditinstitute + 50% × Grundpfandrechte + **a** × (Forderungen an Kunden – Grundpfandrechte – Kommunalkredite) + **b** × (Geldmarktpapiere von anderen Emittenten + Anleihen und Schuldverschreibungen von anderen Emittenten) + Aktien + Beteiligungen + Anteile an verbundenen Unternehmen + immaterielle Anlagewerte + Sachanlagen + Sonstige Vermögensgegenstände + Rechnungsabgrenzungsposten + Eventualverbindlichkeiten + **c** × unwiderrufliche Kreditzusagen

---

mit   a =   Anrechnungssatz der Forderungen an Kunden ohne Grundpfandrechte und Kommunalkredite

       b =   Anrechnungssatz der Geldmarktpapiere, Anleihen und Schuldverschreibungen von anderen Emittenten

       c =   Anrechnungssatz für die unwiderruflichen Kreditzusagen

Um einen durchschnittlichen Anrechnungssatz für alle drei Bereiche zu bilden, wird die Bedingung a = b = c eingefügt, wonach die Formel nach a umgestellt wird. Damit gilt:

$$a = \frac{\begin{array}{c}\text{Risikoaktiva} - (\text{Wechsel} + 20\% \times \text{Forderungen an Kreditinstitute} + \\ 50\% \times \text{Grundpfandrechte} + \text{Aktien} + \text{Beteiligungen} + \text{Anteile an} \\ \text{verbundenen Unternehmen} + \text{immaterielle Anlagewerte} + \\ \text{Sachanlagen} + \text{Sonstige Vermögensgegenstände} + \\ \text{Rechnungsabgrenzungsposten} + \text{Eventualverbindlichkeiten})\end{array}}{\begin{array}{c}\text{Forderungen an Kunden} - \text{Grundpfandrechte} - \text{Kommunalkredite} + \\ \text{Geldmarktpapiere von anderen Emittenten} + \text{Anleihen und Schuld -} \\ \text{verschreibungen von anderen Emittenten} + \\ \text{unwiderrufliche Kreditzusagen}\end{array}}$$

a gibt damit den durchschnittlichen Anrechnungssatz für die Forderungen an Kunden ohne Grundpfandrechte und Kommunalkredite, den Schuldverschreibungen von anderen Emittenten und den unwiderruflichen Kreditzusagen an. Je höher diese Kennzahl ist, umso größer sind somit der Anrechnungssatz und damit auch das bankaufsichtsrechtlich gemessene Ausfallrisiko der zugehörigen Positionen. Damit erhält der externe Bankbilanzanalytiker durch die Höhe des Anrechnungssatzes a einen Einblick in die Risikosituation eines Kreditinstitutes. Da für ein höheres Risiko nach der Kapitalmarkttheorie auch eine höhere Rendite zu erwirtschaften ist,[122] könnte mit diesem Anrechnungssatz weiter untersucht werden, ob mit dem höheren Risiko einzelner Banken auch eine höhere Rendite einhergeht. Dabei ist allerdings zu beachten, dass die höhere Rendite eine erwartete Rendite, d. h. ex-ante-Rendite darstellt, während die Bankbilanzanalyse auf ex-postRenditen zurückgreift. Nun lässt sich a für jede Genossenschaftsbank und Sparkasse ermitteln.

5.2.5.2 Empirie

Im Mittel liegt der Anrechnungssatz bei 65% bei den Sparkassen und 72% bei den Genossenschaftsbanken, d. h. Forderungen an Kunden ohne durch Grundpfandrechte gesicherte und Kommunalkredite, Geldmarktpapiere, Anleihen und Schuldverschreibungen von anderen Emittenten sowie unwiderruflichen Kreditzusagen gehen im Durchschnitt mit 65% bzw. 72% in die Risikoaktiva ein.

Für alle Genossenschaftsbanken und Sparkassen ist nun zu prüfen, ob der Anrechnungssatz innerhalb des von den sieben Restriktionen gebildeten

---

[122] Vgl. beispielsweise Süchting (1995), S. 373.

Raums liegt und gegebenenfalls bei Verletzung von Restriktionen zu korrigieren ist. Es zeigt sich, dass die Restriktionen nur in sehr wenigen Fällen
verletzt werden. Deutlich wird damit, dass das Berechnungsschema in fast
allen Fällen den wirklichen Wert gut nachbildet.

5.3   Empirische Ermittlung von Kernkapitalquote und Solvabili-
tätskoeffizient

Aus dem in Kapitel 4 berechnetem haftenden Eigenkapital und den in Kapitel 5 berechneten Risikoaktiva lassen sich die Kernkapitalquote und der
Solvabilitätskoeffizient berechnen. Insgesamt betragen die Risikoaktiva der
untersuchten Genossenschaftsbanken 298 Mrd. € und die der untersuchten
Sparkassen 585 Mrd. €. Daraus ergibt sich eine Kernkapitalquote über alle
Genossenschaftsbanken von 8,0% und ein Solvabilitätskoeffizient von
11,4%. Bei den Sparkassen liegt die berechnete Kernkapitalquote bei 7,5%
und der Solvabilitätskoeffizient bei 10,1%.

Somit weisen beide Bankengruppen deutlich höhere Eigenkapitalquoten auf
als bankaufsichtsrechtlich vorgeschrieben. Dies ist aus Risikogesichtspunk-
ten vorteilhaft, aus Rentabilitätssicht aber negativ, da das überschüssige
Kapital nicht zum Risikoaktivaausbau ausgenutzt wird. Dabei ist zusätzlich
zu beachten, dass die Vorsorgereserven nur Ergänzungskapital bilden, aber
faktisch Eigenkapital sind. Damit lässt sich festhalten, dass faktisch nur die
Hälfte oder noch weniger des vorhandenen Kernkapitals zur Erfüllung der
bankaufsichtsrechtlichen Vorschriften benötigt werden.

6 Rentabilität des Eigenkapitals

Eine Rentabilitätsanalyse mit der Zielgröße einer Rentabilitätskennziffer ist aus zwei Gründen notwendig:[123]

1. um das Ergebnis verschiedener Unternehmen vergleichen zu können, muss zur Relativierung unterschiedlicher Betriebsgrößen das Ergebnis zu einer Verursachungsgröße in Bezug gesetzt werden;

2. um den Erfolg eines Unternehmens beurteilen zu können, ist die Frage nach dem Faktoreinsatz zu stellen.

Die Analyse einer Bank muss aus Sicht der Eigentümer konzipiert sein, da die Fremdkapitalgeber einer Bank durch die umfangreichen Sicherungsmechanismen geschützt werden. Damit ist die Verzinsung des eingesetzten Kapitals die entscheidende Größe einer Analyse. In der klassischen Bilanzanalyse ergibt sich die Eigenkapitalrentabilität als Quotient von Periodenerfolg zum bilanziellen Eigenkapital. In dieser Form wird sie auch von vielen Banken definiert.[124] Allerdings werden durch die Bezugsbasis „bilanzielles Eigenkapital" unterschiedliche Aussageziele miteinander vermischt. Es zeigt weder das den Eigenkapitalgebern zustehende Kapital noch das operativ einsetzbare Kapital an. Den Eigenkapitalgebern stehen neben dem bilanziellen Eigenkapital noch andere Größen wie stille Reserven im Wertpapierbestand, die stillen Vorsorgereserven nach § 340f HGB oder der Fonds für allgemeine Bankrisiken zu. Operativ einsetzbar ist vom bilanziellen Eigenkapital dagegen nur der Teil, der als Kernkapital anrechnungsfähig ist. So ist beispielsweise ein Teil des bilanziellen Eigenkapitals im Goodwill gebunden. Dieser steht operativ aber nicht zur Verfügung, da er im Kernkapital nicht berücksichtigt werden darf. Das Kernkapital stellt somit das operativ einsetzbare Kapital einer Bank dar und ist somit prinzipiell auch für eine Rentabilitätsanalyse die geeignete Bezugsbasis.

Da Gewinnausschüttungen bei Genossenschaftsbanken und Sparkassen in der Regel nicht oder nur sehr eingeschränkt stattfinden – Sparkassen dürfen aufgrund der Landessparkassengesetze häufig nicht einmal Gewinne ausschütten, Genossenschaftsbanken verzinsen nur das Geschäftsguthaben der Genossen, nicht aber die Rücklagen, ist eine Eigenkapitalsteuerung durch diese Bankengruppen nur bedingt möglich. Tatsächlich verfügen beide Bankengruppen in der Regel über deutlich mehr Kernkapital als sie für das

---

[123] Vgl. Coenenberg (1997), S. 701.
[124] Vgl. o. V. (1997), S. 1207-1216.

Bankgeschäft benötigen. Eine Rentabilität auf das Kernkapital würde durch die unterschiedliche Eigenkapitalausstattung verzerrt.

Um eine Vergleichbarkeit zwischen den verschiedenen Bankengruppen zu ermöglichen, wird deshalb auf die Risikoaktiva als Nenner einer Rentabilitätsgröße abgestellt. Durch diese Vorgehensweise wird die unterschiedliche Kapitalausstattung, die sich in der Kernkapitalquote manifestiert, aus der Betrachtung herausgenommen. Ausgehend von einer Rentabilität auf das Kernkapital lässt sich die Kernkapitalrentabilität wie folgt modifizieren:

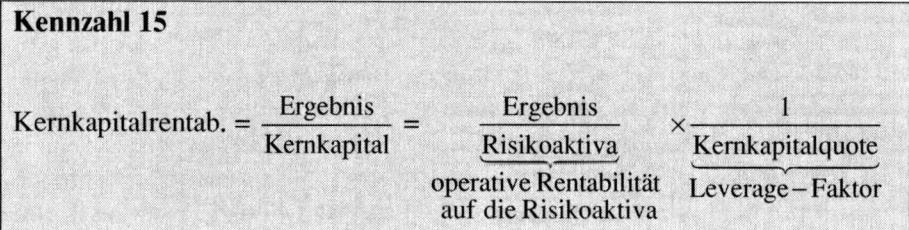

Kennzahl 15

$$\text{Kernkapitalrentab.} = \underbrace{\frac{\text{Ergebnis}}{\text{Kernkapital}}} = \underbrace{\frac{\text{Ergebnis}}{\text{Risikoaktiva}}}_{\substack{\text{operative Rentabilität} \\ \text{auf die Risikoaktiva}}} \times \underbrace{\frac{1}{\text{Kernkapitalquote}}}_{\text{Leverage}-\text{Faktor}}$$

Während der erste Faktor die hier untersuchte Rentabilität auf die Risikoaktiva abbildet, zeigt der zweite Faktor den Kehrwert der Kernkapitalquote und damit die Eigenkapitalausstattung einer Bank an.

Gleichzeitig stellen die Risikoaktiva eine geeignete Größe für ein Rentabilitätsmaß dar, weil sie einerseits die Mindestkapitalausstattung bedingen, womit ein direkter Bezug zum Eigenkapital einer Bank besteht, und andererseits das aus den risikobehafteten Geschäften übernommene Risiko einer Bank abbilden.

Sparkassen sollen eine Eigenkapitalrentabilität (hier angenommen = Kernkapitalrentabilität) von 15% vor Steuern erreichen. Damit werden automatisch die Sparkassen benachteiligt, die eine hohe Kernkapitalquote haben. Bei einer Kernkapitalquote von 4% reicht beispielsweise eine operative Rentabilität auf die Risikoaktiva von 0,6%, um die Ziel-Eigenkapitalrentabilität von 15% zu erreichen, während eine Bank mit einer Kernkapitalquote von 10% bereits eine operative Rentabilität auf die Risikoaktiva von 1,5% benötigt. Tatsächlich liegt die Rentabilität auf die Risikoaktiva bei Sparkassen mit hoher Kernkapitalquote etwas höher als die bei niedriger Kernkapitalquote, was der 20-periodisch gleitende Durchschnitt in Abbildung 10 zeigt.

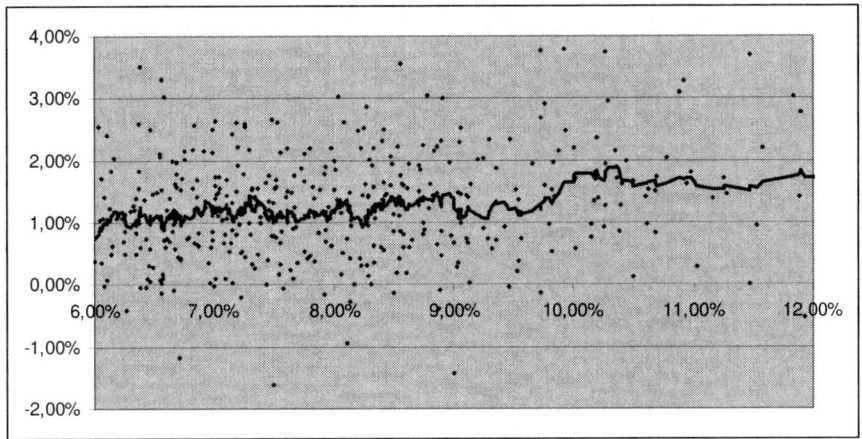

Abbildung 10: **Zusammenhang zwischen operative Rentabilität auf die Risikoaktiva und Kernkapitalquote bei den Sparkassen**

Zwischen operativer Rentabilität auf die Risikoaktiva und Kernkapitalrentabilität zeigt sich ein klarer Zusammenhang, wie Abbildung 11 zeigt.

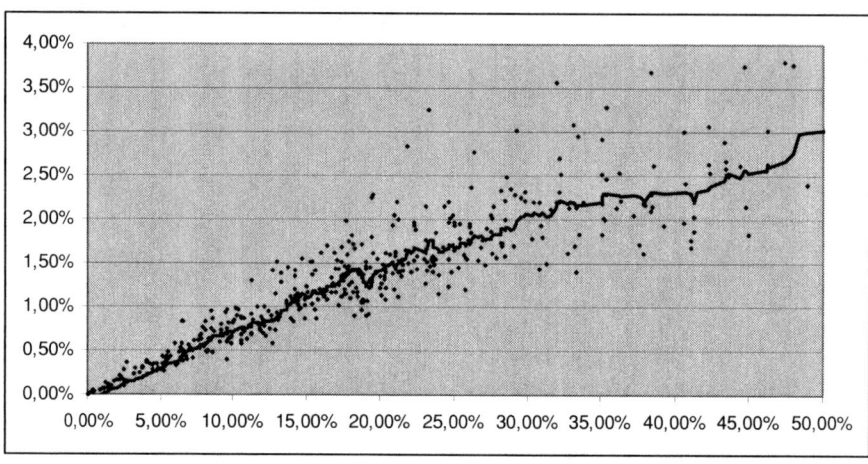

Abbildung 11: **Zusammenhang zwischen operative Rentabilität auf die Ri-**
sikoaktiva und Kernkapitalrentabilität bei den Sparkassen

Somit ist die operative Rentabilität auf die Risikoaktiva der entscheidende
Faktor für die Verzinsung des Eigenkapitals. Sie ist die für die Steuerung
einer Bank entscheidende Rentabilitätsmaßzahl.

Über alle Sparkassen liegen die Kernkapitalrentabilität bei 17,3% und die
operative Rentabilität auf die Risikoaktiva bei 1,30%. Bei den Genossenschaftsbanken liegen die Kernkapitalrentabilität bei 12,6% und die operative Rentabilität auf die Risikoaktiva bei 1,01%. Somit verdienen die Sparkassen auf die Risikoaktiva eine höhere Marge als die Genossenschaftsbanken. Bei der Deutschen Bank liegt die operative Rentabilität auf die Risikoaktiva bei 1,95% und bei der Commerzbank bei 0,69%.[125] Auch die international führenden Banken wie HSBC erreichen mit 2,07% etwa den Wert der
Deutschen Bank. Die Citigroup spielt mit 3,51% dagegen in einer anderen
„Liga". Die Erste Bank aus Österreich erreicht mit 1,22% einen geringeren
Wert als die deutschen Sparkassen.

Bei dem möglichen operativen Ergebnis der Sparkassen liegt die operative
Rentabilität auf die Risikoaktiva bereits bei 1,95% und damit nahe dem
Wert der HSBC und auf dem Wert der (deutlich risikoreicheren) Deutschen
Bank. Somit ist die geringere Rentabilität der Sparkassen insbesondere auf

---

[125] Hierbei handelt es sich um die unkorrigierten Wert laut Jahresabschluss.

ein Zuviel an Verwaltungsaufwendungen und damit insbesondere an Personal zurückzuführen.

Auch die Genossenschaftsbanken könnten mit 2,42% bei „effizienter" Bankproduktion eine deutlich höhere Rentabilität erreichen. Mit diesem Wert würden die Genossenschaftsbanken hinter der Citigroup zweitbeste Bank (bzw. Bankengruppe) sein. Die Genossenschaftsbanken und Sparkassen sind somit bei weitem nicht so ertragsschwach wie allgemein vermutet. Die Kritik ist insbesondere an der Aufwandsseite dieser Bankengruppe zu üben.

7 Analyse der Segmentberichterstattungen

Während die Großbanken schon seit einigen Jahren Segmentberichte in ihre Jahresabschlüsse aufgenommen haben, veröffentlichen bislang nur wenige Sparkassen, aber keine Genossenschaftsbank, eine solche Rechnung, die das Ergebnis der einzelnen Geschäftsbereiche bzw. Regionen darstellt. Im Folgenden wird untersucht, welche Aussagen aus den Segmentberichten der Sparkassen gewonnen werden können, die die bisher gemachten Analysen unterstützen können.

Zunächst werden die allgemeinen Ziele, die mit einer Segmentberichterstattung verfolgt werden, dargelegt. Daraufhin werden die Vorschriften des DRS 3-10 vorgestellt, der die einzigen bankenspezifischen Vorschriften zur Erstellung einer Segmentberichterstattung für deutsche Banken enthält. Im nächsten Schritt werden die Segmentberichte der Sparkassen konkret auf ihre Aussagekraft hin untersucht.

7.1 Ziele einer Segmentberichterstattung

Eine Segmentberichterstattung soll die Rendite-Risiko-Struktur der einzelnen Geschäftsbereiche und Regionen eines Unternehmens darstellen. Ihre Notwendigkeit liegt darin begründet, dass der Jahresabschluss bei diversifizierten Unternehmen aufgrund der aggregierten Daten ansonsten nicht ausreichend über die Ergebnislage der einzelnen Unternehmensbereiche informieren kann.[126] *Becker* sieht das Ziel der Segmentberichterstattung darin zu zeigen, „welche Geschäftsfelder keinen Beitrag zu Gewinn und Wertsteigerung des Bankkonzerns leisten und damit auf Quersubventionen anderer Bereiche angewiesen sind".[127] Vergleiche zwischen Banken werden hingegen als problematisch betrachtet, da die Segmentberichterstattung nach IAS, US-GAAP und DRS nach der internen Organisationsstruktur aufgestellt werden kann oder muss. Da diese nicht bei allen Banken gleich ausgestaltet ist, ist ein Vergleich schwierig oder sogar nicht möglich. Selbst bei gleich gewählten Segmentbezeichnungen können die Inhalte der Segmente voneinander abweichen, was *Adam* an den Begriffen „Investmentbanking" und „Asset Management" verdeutlicht,[128] die durchaus unterschiedliche Bestandteile haben können.

---

[126] Vgl. Sprißler (1999), S. 384.
[127] Becker (2000), S. 26.
[128] Vgl. Adam (2000), S. 686.

In Analysen der Segmentberichterstattungen der Großbanken und anderer börsennotierter Privatbanken wurde deren unzureichender Aussagegehalt festgestellt, der neben der unterschiedlichen Segmentdefinitionen auch in der unterschiedlichen Lösung der konzeptionellen Probleme bei der Aufstellung der Segmentberichterstattung begründet liegt.[129] Inwieweit die Ziele der Segmentberichterstattung bei den Sparkassen erreicht werden, insbesondere ob die Vergleichbarkeit der Landesbanken untereinander möglich ist, wird nachfolgend genauer analysiert.

7.2 Darstellung des DRS 3-10

Der DRS 3-10 ist von allen Banken anzuwenden, die eine Segmentberichterstattung nach § 297 Abs. 1 HGB erstellen müssen.[130] Die Vorschriften des DRS 3 sind analog auf Banken anzuwenden, es sei denn, der DRS 3-10 bestimmt etwas anderes.[131] Den DRS 3-10 müssen alle Banken beachten, die börsennotierte Mutterunternehmen sind. Anderen Banken, die eine Segmentberichterstattung aufstellen, wird empfohlen den DRS 3-10 anzuwenden.[132] Dazu gehören auch die Sparkassen, die einen Konzernabschluss erstellen.

Als Segmente müssen sowohl Geschäftsbereiche als auch geographische Regionen betrachtet werden, wobei jeweils eine eigenständige Segmentrechnung zu erfolgen hat. Primäre Segmente sind entweder die Geschäftsbereiche oder die geographischen Regionen, während die jeweiligen anderen Bereiche die sekundären Segmente umfassen. Je nachdem, ob es sich um ein primäres oder um ein sekundäres Segment handelt, sind unterschiedliche Angabepflichten zu erfüllen. Banken verwenden üblicherweise die Geschäftsbereiche als primäres und die geographischen Regionen als sekundäres Segment. International werden teilweise auch die geographischen Regionen als primäres Berichtssegment gewählt, so etwa von der HSBC.

Bei internationalen Vergleichen scheitert die Analyse der Segmentberichterstattungen teilweise bereits daran, dass unterschiedliche Angaben zu den Geschäftsfeldern oder Regionen gemacht werden, die einen Vergleich nur auf dem „kleinsten gemeinsamen Nenner" erlauben, d. h. die Bank mit den wenigsten Angaben bestimmt den Vergleich aller Banken. So könnte ein

---

[129] Vgl. Padberg (2001).
[130] Vgl. DSR, DRS 3-10, Tz. 2.
[131] Vgl. DSR, DRS 3-10, Tz. 1.
[132] Vgl. DSR, DRS 3-10, Tz. 4.

Vergleich der Geschäftsfelder der Landesbanken, die die Geschäftsfelder als primäre Segmente definieren, mit der HSBC nur auf Basis der Angaben der HSBC erfolgen, da diese deutlich weniger Daten zur Verfügung stellt als die Landesbanken.

7.2.1 Segmentierungsgrundsätze

Die Größenmerkmale des DRS 3, Tz. 15, nach denen festgestellt wird, ob ein operatives Segment[133] auch ein anzugebendes Segment ist, gelten auch für Banken. Danach handelt es sich um ein anzugebendes Segment, wenn

a) seine Umsatzerlöse mit externen Kunden und mit anderen Segmenten mindestens 10% der gesamten externen und intersegmentären Umsatzerlöse ausmachen, oder

b) sein Ergebnis mindestens 10% des zusammengefassten Ergebnisses aller operativen Segmente mit positivem Ergebnis oder aller operativen Segmente mit negativem Ergebnis beträgt, wobei der jeweils größere Gesamtbetrag maßgebend ist, oder

c) sein Vermögen mindestens 10% des gesamten Vermögens aller operativen Segmente ausmacht.

Da es Umsatzerlöse und somit auch Segmentumsatzerlöse bei Banken nicht gibt, werden in DRS 3-10, Tz. 7 als Synonym die Segmenterträge einer Bank definiert.[134] Danach zählen Zinserträge, Provisionserträge, der Nettoertrag/Nettoaufwand aus Finanzgeschäften sowie sonstige betriebliche Erträge[135] zu den Segmenterträgen.

---

[133] Die Definition des operativen Segments wird für Kreditinstitute dem DRS 3, Tz. 8 entnommen. Danach ist ein operatives Segment ein Teil eines Unternehmens,
1. der Geschäftsaktivitäten entfaltet, die potentiell oder tatsächlich zu Umsatzerlösen oder sonstigen Erträgen führen, und
2. der regelmäßig von der Unternehmensleitung überwacht wird, um seine wirtschaftliche Lage zu beurteilen.

[134] In den folgenden Textziffern wird im DRS 3-10 zwar auf die Feststellung verzichtet, dass Segmenterträge bei Banken analog zu den Umsatzerlösen im allgemeinen Standard anzuwenden sind. Da aber nur die Segmenterträge mit dem Begriff der Umsatzerlöse korrespondieren, ist davon auszugehen, dass bei Überprüfung der Größenkriterien die Segmenterträge zu benutzen sind.

[135] Die Verwendung der sonstigen betrieblichen Erträge als Teil der Segmenterträge wurde in einer Stellungnahme zum Standardentwurf kritisiert, da diese Position Sammelpostencharakter hat und eine Aufteilung auf die einzelnen Segmente erheblichen Er-

Das Segmentergebnis ergibt sich gemäß DRS 3, Tz. 8 durch Subtraktion der Segmentaufwendungen von den Segmenterträgen. Auch die Segmentaufwendungen werden im DRS 3-10 genau definiert. Danach zählen zu dieser Position Zinsaufwendungen, die Risikovorsorge, Provisionsaufwendungen, Verwaltungsaufwendungen sowie sonstige betriebliche Aufwendungen.[136] Eine Besonderheit bilden bei den Segmentaufwendungen die bilanzpolitischen stillen Reserven nach § 340f HGB. Gemäß DRS 3-10, Tz. 7 können diese bei der Bestimmung des Segmentergebnisses zusätzlich zu den anderen Segmentaufwendungen berücksichtigt werden. Eine Pflicht hierzu besteht allerdings nicht. Damit macht der DSR deutlich, dass die international unüblichen bilanzpolitischen Reserven[137] kein Teil der Risikovorsorge sind. Faktisch sind die 340f-Reserven in der Segmentberichterstattung ein Fremdkörper, da sie die Ergebnisse der einzelnen Segmente fast beliebig verändern können. Da ein sachgerechter Verteilungsschlüssel für bilanzpolitische stille Reserven nicht existieren kann, verbleibt dem Bilanzierenden immer die Möglichkeit der beliebigen Veränderung der Segmentergebnisse. Auf diesen Umstand ist bei der Interpretation der Segmentergebnisse nach HGB generell zu achten.

Zum Segmentvermögen müssen gemäß DRS 3-10, Tz. 7 mindestens folgende Positionen abzüglich der damit verbundenen Risikovorsorge hinzugerechnet werden, wobei die Zuordnung direkt oder auf Basis eines sinnvollen Schlüssels zu erfolgen hat: Barreserve, Forderungen an Kreditinstitute, Forderungen an Kunden sowie die Handelsaktiva. Zu den Handelsaktiva zählen die Wertpapiere und derivativen Finanzinstrumente mit positivem Marktwert, die organisatorisch von einer Handelsabteilung verantwortet werden. Demgegenüber zählen zu den Handelspassiva, die den Segmentschulden hinzuzurechnen sind, Verpflichtungen aus Leerverkäufen und negative Marktwerte derivativer Finanzinstrumente, die organisatorisch von einer Handelsabteilung verantwortet werden. Problematisch ist, dass es sich bei derivativen Geschäften um schwebende Geschäfte handelt, die nach HGB nur in Form einer Rückstellung bilanziert werden dürfen. Handelsaktiva und Handelspassiva aus diesen derivativen Finanzinstrumenten werden in der Bilanz nach HGB somit im Gegensatz

---

messensspielraum biete. Vgl. Stellungnahme des Deutschen Genossenschafts- und Raiffeisenverband e.V., abrufbar unter http://www.drsc.de

[136] Die Kritik an dieser Definition bezieht sich zum einen auf die sonstigen betrieblichen Aufwendungen, die ebenso wie die sonstigen betrieblichen Erträge einen Sammelposten bilden, und zum anderen die Verwaltungsaufwendungen, für die ein sachgerechter Verteilungsschlüssel gefordert wird. Vgl. Stellungnahme des Deutschen Genossenschafts- und Raiffeisenverband e.V., abrufbar unter http://www.drsc.de

[137] Weder die IAS noch die US-GAAP sehen bilanzpolitische stille Reserven vor. Bei erstmaliger Anwendung mussten deshalb alle Großbanken ihre Vorsorgereserven auflösen. Vgl. zu den Vorsorgereserven Padberg, Thomas, Thomas Werner, S. 974-989.

in der Bilanz nach HGB somit im Gegensatz zur Bilanz nach IAS nicht ausgewiesen.

7.2.2 Angabepflichten

Die Angabepflichten, die für die einzelnen Segmente gemacht werden müssen, hängen davon ab, ob es sich um ein primäres oder ein sekundäres Segment handelt. Gemäß DRS 3-10, Tz. 36 sind für jedes primäre Segment folgende Größen gesondert auszuweisen:

- Zinsüberschuss,

- Risikovorsorge,

- Provisionsüberschuss,

- Nettoertrag/Nettoaufwand aus Finanzgeschäften,

- Verwaltungsaufwand,

- Saldo der sonstigen betrieblichen Aufwendungen und Erträge,

- Ergebnis nach Risikovorsorge,

- Vermögen,

- Verbindlichkeiten,

- Risikopositionen,

- Allokiertes Kapital,

- Rentabilität des allokierten Kapitals sowie

- die Aufwand-/Ertrag-Relation.

Für jedes sekundäre Segment sind folgende Größen auszuweisen:

- Ergebnis vor Risikovorsorge,

- Risikovorsorge im Kreditgeschäft,

- Ergebnis nach Risikovorsorge,

- Vermögen oder Risikopositionen,

- Verbindlichkeiten oder allokiertes Kapital,

- Aufwand-/Ertrag-Relation.

Mit Ausnahme der Aufwand-/Ertrag-Relation sind bei den primären wie auch den sekundären Segmenten alle Positionen auf die entsprechenden Gesamtwerte des Konzerns überzuleiten.

7.3   Konzeptionelle Probleme bei der Segmentberichterstattung von Kreditinstituten

Mit der Segmentberichterstattung von Banken sind einige konzeptionelle Probleme verbunden, die den Aussagegehalt beeinträchtigen.[138] Diese Probleme und ihre Lösungsvorschläge nach dem DRS 3-10 werden im Folgenden kurz dargestellt.

Es besteht das vordringliche Problem, wie der Zinsüberschuss auf die einzelnen Segmente aufgeteilt werden soll. Die Aufspaltung des Zinsüberschusses auf die einzelnen Segmente hat nach DRS 3-10 nach der gleichen Methode zu erfolgen wie sie zu internen Steuerungszwecken angewendet wird.[139] Nach Definition des DRS 3-10, Tz. 21 wird zu internen Methoden üblicherweise die Marktzinsmethode[140] oder ein Barwertkonzept[141] angewendet. Das verwendete Verfahren ist für die Segmentberichterstattung zu übernehmen.[142] Je nachdem, welches interne Verfahren verwendet wird,

---

[138] Siehe dazu Sprißler (1999), S. 390; Padberg (2001).

[139] Vgl. DSR, DRS 3-10, Tz. 21.

[140] Vgl. beispielsweise Schierenbeck (1997), S. 72 ff.

[141] Vgl. beispielsweise Rolfes / Hassels (1994), S. 337-349; Rolfes / Koch (2000), S. 540-544.

[142] Vgl. DSR, DRS 3-10, Tz. 21.

ergeben sich auch in der Segmentberichterstattung unterschiedliche Werte, die beim Vergleich verschiedener Banken Fehlinterpretationen ermöglichen. Zudem stellt sich die Frage, wie beispielsweise der Zinsaufwand auf die einzelnen Segmente verteilt werden soll. Der Refinanzierungsvorteil, der durch die Refinanzierung der Gesamtbank entsteht, muss danach auf die einzelnen Segmente verteilt werden. Zu denken ist beispielsweise an das geringere Risiko einer Gesamtbank gegenüber den Segmenten, das sich in einem günstigeren Rating und damit günstigeren Zinssätzen am Kapitalmarkt niederschlägt. Welchen Ratingvorteil welches Segment durch das Vorhandensein der Gesamtbank hat, lässt sich nicht ermitteln. Damit ist auch die Verteilung der Zinsaufwendungen auf die einzelnen Bereiche problematisch. Umgekehrt können einzelne Segmente das Risiko einer Bank aber auch erhöhen. Zu denken ist hier beispielsweise an das Investment Banking.

Die Abbildung der Risikovorsorge in der Segmentberichterstattung stellt eine weitere Schwierigkeit dar. Nach dem DRS 3-10 sind sowohl Ist- als auch Standardrisikokosten erlaubt. Bei Ist-Risikokosten wird auf die tatsächlich angefallenen Aufwendungen abgestellt, die sich so in der GuV wiederfinden. Bei Standardrisikokosten werden hingegen außergewöhnliche Faktoren geglättet und damit Durchschnittswerte angesetzt. Für die Ist-Risikokosten spricht die Verbindung zu den Daten der Gewinn- und Verlustrechnung, während durch die Standardrisikokosten ein durchschnittliches Segmentergebnis dargestellt wird und durch außergewöhnliche Faktoren bedingte Fehlinterpretationen vermieden werden. Ein Vergleich von Banken wird bei einer unterschiedlichen Verwendung der Risikovorsorge erheblich eingeschränkt.

Für die Erfolgsbeurteilung eines Segmentes ist die Höhe der Eigenkapitalrentabilität eine entscheidende Größe. In der Segmentberichterstattung ist der Ausweis des bilanziellen, des regulatorischen[143] oder des ökonomischen Kapitals möglich.[144] Für das regulatorische Kapital spricht, dass dieses bankaufsichtsrechtlich verlangt wird und zur Unterlegung der Risiken herangezogen werden muss, d. h. unabhängig von der tatsächlichen Risikolage und dem ökonomischen Kapital muss das bankaufsichtsrechtlich notwendige Kapital für ein einzelnes Geschäft vorhanden sein. Ob im regulatorischen Kapital nur das Kernkapital enthalten sein soll oder aber auch das Ergänzungskapital, wird im DRS 3-10 nicht ausdrücklich geklärt. Allerdings wird in Tz. 16 der Engpassfaktor Kapital hervorgehoben. Es handelt sich beim Kernkapital und nicht beim Ergänzungskapital um den entschei-

---

[143] Dabei ist aber nicht geklärt, ob im regulatorischen Kapital nur das Kernkapital enthalten sein soll oder aber auch das Ergänzungskapital.

[144] Vgl. DSR, DRS 3-10, Tz. 14 und 19.

denden Engpassfaktor.[145] Insofern sollte es sich beim regulatorischen Kapital nur um das Kernkapital eines Kreditinstitutes handeln. Andererseits enthält auch das Ergänzungskapital Eigenkapitalbestandteile, die bei der internen Steuerung beachtet werden müssen. Hier ist insbesondere an die bilanzpolitischen stillen Reserven nach § 340f HGB zu denken.

Die Frage der Verrechnung der Overhead-Kosten, also Kosten beispielsweise für das Top-Management, ist ebenfalls problematisch.[146] Weder eine Schlüsselung auf die einzelnen Segmente noch das Verrechnen in ein eigenes Segment, das nur Kostenbestandteile enthält, kann überzeugen. Für das Verrechnen in eigenes Segment spricht insbesondere die Tatsache, dass die Kosten nicht einem anderen Segment direkt zugeordnet werden können. Eine Schlüsselung könnte somit fast wahllos erfolgen. Andererseits spricht für eine solche Zuordnung zu den anderen Segmenten, dass ein Kostensegment in einem solchen Ausmaß zu Verzerrungen der anderen Segmente führt. Die Gewinne und damit auch die Rentabilitäten der anderen Segmente würden deutlich zu hoch ausgewiesen. Präferieren lässt sich keine der beiden Alternativen. Bei unterschiedlicher Behandlung lassen sich Banken aber wiederum nur sehr eingeschränkt vergleichen.

7.4 Empirische Daten der Sparkassen

In den Tabellen 21 bis 25 sind die Segmentwerte der vier Sparkassen und der Sachsen-Finanzgruppe aufgeführt.

Auffallend ist in den Segmentwerten aller Sparkassen das gleiche:

- Das Firmenkundengeschäft ist bei allen Sparkassen defizitär. Die Risikovorsorge ist in 2003 bei allen Sparkassen so groß, dass die Erträge aufgezehrt werden. Ob diese Entwicklung über mehrere Jahre vorliegt, ist aus den nur in 2003 vorliegenden Daten nicht festzustellen. Bei der Stadtsparkasse Köln, die als einzige Sparkasse auch in 2002 einen Segmentbericht veröffentlichte, war das Firmenkundengeschäft ebenfalls defizitär.

---

[145] Vgl. Werner / Padberg (1998), S. 8.
[146] Vgl. Sprißler (1999), S. 390.

Tabelle 21: Segmentdaten der Nassauischen Sparkassen 2003

in Mio. €	Pri-vat-kun-den	Firmen-kun-den und Kom-munen	Ei-gen-ge-schäft	Trea-sury/ Han-del	Corpo-rate Center	Ins-gesamt
Zinsüberschuss	149,9	65	45,7	5,5	16,4	282,5
Provisionsüberschuss	62,9	8,8	-0,3	-0,1	-1,5	69,8
Nettoertrag aus Finanzgeschäften	1,5	0,2	1,7	3,3	-1,5	5,2
Verwaltungsaufwendungen	-177,8	-31,1	-7,8	-4,8	-25,3	-246,8
Risikovorsorge	-23,2	-45,7	-12,5	-0,7	0,4	-81,7
Betriebsergebnis nach Bewertung	13,3	-2,8	26,8	3,2	-12,6	27,9
Vermögen	5.305	3.248	5.381	2.111	289	16.334
Verbindlichkeiten	5.903	832	6.603	2.105	310	15.753
Risikopositionen	4.305	2.790	1.945	422	598	10.060
Bilanzielles Eigenkapital	228	148	103	22	31	532
Rentabilität des bilanziellen Eigenkapitals	5,8%	-1,9%	24,9%	14,5%		1,9%
Aufwands-Ertrags-Relation	83,0%	42,0%	16,6%	55,2%		69,0%

Tabelle 22: Segmentdaten der Sparkasse zu Lübeck 2003

in Mio. €	Geschäfts-stellen	Vermö-gens-mana-gement-center	Firmen-kunden-center	Trea-sury	Son-sti-ges	Insge-samt
Zinsüberschuss	23,8	2,4	10,9	7,8	1	45,8
Provisions-überschuss	7,3	1,3	2	0	0,9	11,4
Ergebnis aus Fi-nanzgeschäften	0	0	0	0,1	0	0,1
Verwaltungsauf-wendungen	25,4	2,2	8	0,7	3,3	39,6
Saldo sonstige Erträge/Aufwen-dungen	-0,2	0	0,6	0,2	0,4	1
Betriebsergebnis vor Risikovorsor-ge und Bewertung	5,5	1,5	5,5	7,4	-1,1	18,8
Risikovorsorge/ Bewertung	-2,3	0,5	-7,8	5,5	-0,1	-4,3
Betriebsergebnis nach Risikovor-sorge und Bewer-tung	3,2	2	-2,3	12,9	-1,2	14,5
Segmentvermögen	557	32	863	848	52	2.352
Risikoaktiva	415	24	802	436	83	1.761
gebundenes Eigenkapital	26,5	1,5	51,1	27,8	5,3	112
Eigenkapital-rentabilität	12,1%	130,5%	-4,6%	46,2%		12,9%
Cost-Income-Ratio	82,2%	59,3%	59,2%	8,4%		67,8%

Tabelle 23: Segmentdaten der Stadtsparkasse Köln 2003

in Mio. €	Indi-vidual-kun-den	davon: Geld- und Kapital-märkte	Pri-vat-kun-den/Re-tail	Fir-men-kun-den	Son-stige und Konso-lidie-rung	Insge-samt
Zinsüberschuss	90,5	0,0	158,0	143,3	67,4	459,2
Risikovorsorge	-60,5	0,0	-25,8	-166,6	-29,4	-282,3
Provisions-überschuss	30,0	0,0	59,4	19,8	15,8	125,0
Saldo sonstige betriebliche Erträge/ Aufwendungen	1,2	0,0	5,2	1,1	47,3	54,8
Nettoertrag aus Finanzgeschäf-ten	15,1	15,1	0,6	0,0	-0,1	15,6
Verwaltungsauf-Wendungen	-61,2	-3,0	-182,0	-61,4	-48,9	-353,5
Ergebnis nach Risikovorsorge	15,1	12,1	15,4	-63,8	52,1	18,8
Segment-vermögen	7087,5	1941,5	3226,0	8430,5	97,7	18841,7
Segment-verbind-lichkeiten	6563,1	448,7	4780,0	1427,8	7690,4	20461,3
Risiko-positionen	3412,0	378,6	2377,0	6656,5	2132,8	14578,3
allokiertes Kapital (Kernkapital)	181,5	8,7	135,4	379,1	81,0	-
Rentabilität des allokierten Kapitals in %	8%	139%	11%	-	-	-
Aufwands-Ertrags-Relation	45%	20%	82%	37%	-	-

Tabelle 24: Segmentdaten der Frankfurter Sparkasse 2003

in Mio. €	Pri-vat-kun-den-ge-schäft	Fir-men-kun-den-ge-schäft	Ei-gen-han-del	Trea-sury/ Eigen-Kapital-anlage	Son-stige Und Kon-Soli-dierung	Ins-ge-samt
Zinsüber-schuss	156,6	53,8	0,6	43,3	-2,9	251,4
Provisions-überschuss	63,3	10,1	0,0	0,1	-6,5	67,0
Handels-ergebnis	5,0	0,0	6,1	0,0	0,0	11,1
Verwaltungsauf-wendungen	-159,9	-26,4	-3,7	-8,6	-72,7	-271,3
Saldo sonstige ordentliche Er-träge und Auf-wendungen	1,5	0,2	0,0	0,0	6,2	7,9
Bewertungs-ergebnis	-22,5	-56,4	0,0	14,0	-7,3	-72,2
Betriebs-ergebnis nach Bewertung	44,0	-18,7	3,0	48,8	-83,2	-6,1
Segment-vermögen	3212,5	3221,6	62,0	8651,9	896,8	16044,8
Segment-verbind-lichkeiten	7484,8	2507,0	58,4	4465,0	1061,4	15576,6
Risikopo-sitionen	2656,9	2956,8	59,3	737,2	1225,3	7635,5
bilanzielles Ei-genkapital	162,9	181,3	3,6	45,2	75,2	468,2
Eigenkapital-Rentabilität	27,0%	-10,3%	82,1%	108,0%		-1,3%
Aufwands-Ertrags-Relation	70,6%	41,2%	55,2%	19,8%		80,4%

Tabelle 25: Segmentdaten der Sachsen-Finanzgruppe[147]

in Mio. €	Capital Markets	Corporate Finance	Retail	Übrige	Konzern
Zinsüberschuss	244,9	130,4	270,2	-0,5	645,0
Provisionsüberschuss	10,8	34,3	110,2	1,4	156,7
Ergebnis aus Finanzgeschäften	12,5	1,3	1,6	0,0	15,4
Saldo sonstige betriebliche Erträge/Aufwendungen	4,2	58,9	1,5	-43,4	21,2
Verwaltungsaufwand	61,1	162,5	323,6	49,0	596,2
Ergebnis Versicherungsgeschäft	0,0	0,0	0,0	6,9	6,9
Betriebsergebnis vor Risikovorsorge	211,3	62,4	59,9	-84,6	249,0
Risikovorsorge/Bewertung	19,6	-128,1	-17,8	-36,6	-162,9
Betriebsergebnis nach Risikovorsorge/Bewertung	230,9	-65,7	42,1	-121,2	86,1
Vermögen	26.065	15.381	2.356	-403	43.399
Verbindlichkeiten	54.709	2.422	13.606	-297	70.440
Risikopositionen	12.340	10.091	1.701	1.419	25.551
Allokiertes Kapital	399	1.694	126	-1.131	1.088
Eigenkapitalrentabilität	57,8%	-3,9%	33,4%		7,9%
Cost-Income-Ratio	22,4%	72,3%	84,4%		70,5%

- Alle Banken haben umfangreiche Verwaltungsaufwendungen in die Konsolidierungsspalte gebucht. Dies ist durch die Segmentvorschriften gedeckt, erzeugt aber das Ergebnis, dass die operativen Segmente deutlich besser dastehen.

- Darüber hinaus haben alle Sparkassen bis auf die Stadtsparkasse Köln der Konsolidierungsspalte ein negatives Ergebnis zugerechnet, d. h. die operativen Segmente weiter „gestärkt".

---

[147] Quelle: Jahresabschluss der Sachsen-Finanzgruppe 2003, in: Bundesanzeiger vom 23.10.2004, Nr. 202, S. 26820.

- Die Eigenkapitalausstattungen der Segmente sind teilweise nicht nachvollziehbar. Die Stadtsparkasse Köln verteilt auf das Segment „Geld- und Kapitalmärkte" etwa eine Kernkapitalquote von 2,3% und damit weniger als bankaufsichtsrechtlich gefordert. Im Ergebnis steigt die Segmentrentabilität auf 139% deutlich an. Bei einer Kernkapitalausstattung wie das Segment Privatkunden hätte die Segmentrentabilität nur 56% betragen. Ebenso das Segment „Capital Markets" der Sachsen-Finanzgruppe, die mit einer Kernkapitalquote von 3,2% ausgestattet wurde, das Segment „Corporate Finance" dagegen mit 16,8%.

- Auch einige Segmentrentabilitäten lassen sich nicht nachvollziehen. So erreicht das Segment „Eigengeschäft" der Nassauischen Sparkasse nach Angaben der Sparkasse selbst eine Rentabilität von 24,9%, nach den Daten aber eine von 26,0%.

Zusammenfassend lassen sich aus den Segmentberichten zwar Informationen über die Geschäftsbereiche gewinnen, allerdings sind aufgrund der konzeptionellen Probleme die Missbrauchsmöglichkeiten derart groß, dass den Daten kein zu großer Glauben geschenkt werden darf. Die Beispiele der nicht verteilten Verwaltungsaufwendungen ebenso wie des unterschiedlich verteilten Kernkapitals zeigen bereits die außen direkt erkennbaren Möglichkeiten zur Beeinflussung der Daten.

8 Schlussbetrachtung

Ziel der vorangegangenen Kapitel war es, Analysemöglichkeiten für HGB-Bankbilanzen aufzuzeigen. Aufgrund der vielschichtigen Anwendungsmöglichkeiten wurden als größte deutsche Bankengruppen die Genossenschaftsbanken und Sparkassen ausgewählt.

Anhand dieser Bankengruppen wurde gezeigt, wie die Abschlüsse aufzubereiten sind. Es konnten Analysemöglichkeiten aufgezeigt werden, aus denen eine Reihe von Aussagen über die Bankengruppen gewonnen werden konnten. Weitere Analysen sind häufig möglich, sind aber von besonderen Angaben abhängig. Insofern sind die hier vorgestellten Analysten nur die Basis für die prinzipiell möglichen Analysen.

Entscheidende Kennzahl ist sicherlich die operative Rentabilität auf die Risikoaktiva, da diese Kennzahl auch international vergleichbar ist. Hier zeigen sich die Sparkassen und auch die Genossenschaftsbanken gegenüber den anderen deutschen Bankengruppen als ebenbürtig. Wenn die Effizienzprobleme in den Griff bekommen werden, sind auch deutlich höhere Gewinne als bei den Privatbanken möglich. Die häufig geforderte Konsolidierung könnte also auch – wenn sich die Genossenschaftsbanken und die Sparkassen in ihren Bankengruppen stärker zusammenschließen –, den umgekehrten Weg nehmen als allgemein kolportiert.

Literaturverzeichnis

Adam, Klaus G. (2000), „Aktuelle Fragen zum Jahresabschluss von Kredit-instit
uten", in: Der Langfristige Kredit, Heft 19, 2000,
S. 685-688

Baetge, Jörg (1998), „Bilanzanalyse", Düsseldorf, 1998

BAKred (Bundesaufsichtsamt für das Kreditwesen) (1990), Erläuterungen
zur Bekanntmachung über die Änderung und Ergänzung der
Grundsätze I und Ia vom 15. Mai 1990", abgedruckt in: Die
neuen Grundsätze I und Ia über das Eigenkapital der Kreditin-stit
ute, hrsg. Von der Deutschen Bundesbank, Sonderdruck Nr.
2a, Frankfurt am Main, 1990, Teil II, S. 1-72

Banker, R.D.; Charnes, Abraham; Cooper, William Wager (1984), „Some
Models for estimating Technical and Scale Inefficiencies in
Data Envelopment Analysis", in: Management Science, Bd. 30,
S. 1078-1092

Beatty, Anne L.; Gron, Anne (2001), „Capital, portfolio, and growth: Bank
behavior under risk-based capital guidelines", in: Journal of Fi-nancial
Services Research, Band 20, Heft 1, 2001, S. 5-31

Becker, Wolfgang (1999), „Segmentberichterstattung – welche Quellen hat
der Erfolg des Bankkonzerns?", in: Zeitschrift für das gesamte
Kreditwesen, Heft 8, 1999, S. 384-391.

Bellavite-Hövermann, Yvette; Prahl, Reinhard (1997), „Bankbilanzierung
nach IAS", Stuttgart, 1997

Berg, S.A.; Forsund, F.R.; Jansen, E.S. (1991), „Technical Efficiency of
Norwegian Banks: The Non-Parametric Approach to Efficiency
Measurement", in: The Journal of Productivity Analysis, Bd. 4,
S. 127-142

Bieg, Hartmut (1986a), „Erfordert die Vertrauensempfindlichkeit des Kre-ditgewerbes
bankspezifische Bilanzierungsvorschriften? (Teil
I)", in: Die Wirtschaftsprüfung, 39. Jahrgang, Heft 10, 1986,
S. 257-263

Bieg, Hartmut (1986b), „Erfordert die Vertrauensempfindlichkeit des Kreditgewerbes bankspezifische Bilanzierungsvorschriften? (Teil II)", in: Die Wirtschaftsprüfung, 39. Jahrgang, Heft 11, 1986, S. 299-307

Bieg, Hartmut (1998), „Die externe Rechnungslegung der Kreditinstitute und Finanzdienstleistungsinstitute", München, 1998

Birck, Heinrich; Meyer, Heinrich (1989), „Die Bankbilanz", 5. Teillieferung, Wiesbaden, 1989

Boos, Karl-Heinz (2000), Kommentar zu § 10 KWG, in: Boos, Karl-Heinz; Fischer, Reinfied; Schulte-Mattler, Hermann (2000), „Kreditwesengesetz – Kommentar zu KWG und Ausführungsvorschriften", Verlag C.H. Beck, 2000, S. 276-329

Boos, Karl-Heinz; Schulte-Mattler, Hermann (1992), „Neuer Eigenkapitalgrundsatz I vorgelegt", in: Die Bank, 32. Jahrgang, Heft 11, 1992, S. 639-643

Boos, Karl-Heinz; Schulte-Mattler, Hermann (1993), „Neuregelungen des Eigenkapitalgrundsatzes I", in: Die Bank, 33. Jahrgang, Heft 6, 1993, S. 358-363

Bradley, Michael G.; Wambeke, Carol A.; Whidbee, David A. (1991), „Risk weights, risk-based capital and deposit insurance", in: Journal of Banking and Finance, 15. Jahrgang, 1991, S. 875-893

Bryant, John (1980), „A model of reserves, bank runs, and deposit insurance", in: Journal of Banking and Finance, 4. Jahrgang, 1980, S. 335-344

Büschgen, Hans E. (1998), „Bankbetriebslehre – Bankgeschäfte und Bankmanagement", 5. Auflage, Wiesbaden, 1998

Charnes, Abraham; Cooper, William Wager; Rhodes, Eduardo L. (1978), „Measuring the efficiency", European Journal of Operational Research, Band 2, S. 429-444

Charnes, Abraham; Cooper, William Wager; Rhodes, Eduardo L. (1979), „Short Communication", European Journal of Operational Research, Band 3, S. 339

Coenenberg, Adolf G. (1997), „Jahresabschluß und Jahresabschlußanalyse", 16. Auflage, Landsberg/Lech, 1997

Coenenberg, Adolf G. (2003), „Jahresabschluß und Jahresabschlußanalyse", 19. Auflage, Stuttgart

Deutsche Bundesbank (1999), „Geschäftsbericht 1998", o. O., 1999

Dürselen, Karl E. (1994), „Novellierung der Bankaufsichtsnorm Grundsatz I zur Erfassung und Begrenzung von Ausfallrisiken eines Kreditinstituts", in: Zeitschrift für Bankrecht und Bankwirtschaft, 6. Jahrgang, Heft 1, 1994, S. 100-115

Eilenberger, G. (1997), „Bankbetriebswirtschaftslehre", 7. Auflage, München, Wien, 1997

Erdland, Alexander (1981), „Eigenkapital und Einlegerschutz bei Kreditinstituten – Eine funktions- und abbildungstheoretische Analyse", Untersuchungen über das Spar-, Giro- und Kreditwesen, Abteilung A: Wirtschaftswissenschaft, Band 108, hrsg. von Fritz Voigt, Berlin, 1981

Ernsting, Ingo (1997), „Publizitätsverhalten deutscher Bankkonzerne", Wiesbaden, 1997

Färe, Rolf; Grosskopf, Shawna; Lovell, C. A. Knox (1985), „The measurement of efficiency of production", Boston

Farrell, M. J. (1957), „The measurement of productive efficiency", in: Journal of the Royal Statistical Society, Series A, Bd. 120, S. 253-281

Fischer, O. (1956), „Bankbilanzanalyse", Meisenheim/Glan, 1956

Garden, Kaylee A.; Ralston, Deborah E. (1999), „The x-efficiency and allocative efficiency effects of credit union mergers", in: Journal of International Financial Markets, Institutions and Money, Bd. 9, S. 285-301

Glocker, Harald (1990), „Das „haftende Eigenkapital" der Kreditinstitute als Bemessungsgrundlage im Rahmen der Vorschriften des Kreditwesengesetzes", Berlin, 1990

Gräfer, Horst (1997), „Bilanzanalyse", 7. Auflage, Herne / Berlin, 1997

Gries, Lothar; Hiller von Gaertringen, Christian; Zöttl, Ines (2000), „Deutlich nach oben", in: Wirtschaftswoche vom 09.03.2000, Nr. 11, S. 58-63

Grifell-Tatjé, E.; Lovell, C. A. Knox (1997), „The sources of productivity change in Spanish banking", in: European Journal of Operational Research, Bd. 98, S. 364-380

Hacker, Bernd; Dobler, Michael (2000), „Empirische Untersuchung der Segmentpublizität in Deutschland", in: Die Wirtschaftsprüfung, 53. Jahrgang, Heft 17, 2000, S. 811-819

Harold, Peter; Mucknauer, Klaus (1999), „Kapitaladäquanz Neu – Das Basler Konsultationspapier im Überblick", in: Bank-Archiv, Heft 12, 1999, S. 937-947

Hartmann, Manfred (1989), „Stille Reserven im Jahresabschluß von Kreditinstituten", in: Betriebs-Berater, Heft 28, 1989, S. 1936-1944

Hartmann-Wendels, Thomas; Pfingsten, Andreas; Weber, Martin (2000), „Bankbetriebslehre", 2. Auflage, Berlin et al., 2000

Hirszowicz, Christine; Jovic, Dean (2000), „New BIS Capital Framework", Zürich, 2000

Hölscher, Reinhold (1995), „Stille Reserven in den Jahresabschlüssen deutscher und schweizerischer Banken", in: Die Betriebswirtschaft, 55. Jahrgang, Heft 1, S. 45-60

Jones, David; Mingo, John (1999), „Credit risk modeling and internal capital allocation processes: Implications for a models-based regulatory bank capital standard", in: Journal of Economics and Business, 51. Jahrgang, 1999, S. 79-108

Karl-Bräuer-Institut des Bundes der Steuerzahler (1994), „Privatisierung von Sparkassen und Landesbanken", Wiesbaden, 1994

Keller, Erich; Möller, Hans Peter (1992), „Einstufung der Bankbilanzen am Kapitalmarkt infolge von § 26a KWG", in: Zeitschrift für Bankrecht und Bankwirtschaft, 4. Jahrgang, Heft 3, 1992, S. 169-183

Kohlhof, Joachim; Wilke, Doreen (1997), „Perspektiven zur Privatisierung öffentlich-rechtlicher Sparkassen", Wissenschaftliche Schriften des Schulz-Kirchner Verlags Reihe 4: Volkswirtschaftliche Beiträge, Band 154, Idstein, 1997

Krumnow, Jürgen (1989), „Bilanzierung und internationale Eigenkapital-standards", in: Die Bank, 29. Jahrgang, Heft 9, 1989, S. 472-478

Krumnow, Jürgen; Sprißler, W.; Bellavite-Hövermann, Yvette; Kemmer, M.; Steinbrücker, H. (1994), „Rechnungslegung der Kreditinstitute", Stuttgart, 1994

Küting, Karlheinz; Weber, Claus-Peter (2000), „Die Bilanzanalyse", 5. Auflage, Stuttgart, 2000

Laupenmühlen, Michael; Münz, Sandra (1997), „Publizitätsqualität börsen-notierter Banken", in: Die Bank, 37. Jahrgang, Heft 12, 1997, S. 738-742

Lotz, Ulrich (1992), „Haftendes Eigenkapital und Bilanzanalyse nach der 4. KWG-Novelle", in: Die Bank, 32. Jahrgang, Heft 11, 1992, S. 668-670

Mauerer, Anton (1999), „Shareholder-Value: ein Bumerang für die Zukunft der Sparkassen", in: Zeitschrift für das gesamte Kreditwesen, Heft 9, 1999, S. 438-443

Meyer, Conrad (1991), „Die Bankbilanz als finanzielles Führungsinstru-ment", Bank- und Finanzwirtschaftliche Forschungen, Band 96, 3. Auflage, Verlag Peter Haupt, Bern und Stuttgart, 1991

Möller, Klaus (1993), „Eigenkapitaldeckung bei Sparkassen und Landes-banken", Stuttgart, 1993

Moody´s Investors Service (1999), „Historical default rates of corporate bond issuers (1920-1998)", New York, 1999

136 Literaturverzeichnis

o. V. (1997), „Eigenkapitalrentabilität in der deutschen Kreditwirtschaft", in: Zeitschrift für das gesamte Kreditwesen, Heft 24, S. 1207-1216

Padberg, Thomas (2000), „Segmentberichterstattung für Kreditinstitute – Der Deutsche Rechnungslegungsstandard Nr. 3 -10", in: Der Betrieb, 2000, S. 585-588

Padberg, Thomas (2001), „Empirische Untersuchung der Segmentpublizität und Analyse der Segmentinformationen von Kreditinstituten", in: Finanz Betrieb, Beiheft zu 3/2001

Padberg, Thomas; Werner, Thomas (1999), „Ermittlung stiller Vorsorgereserven am Beispiel von Genossenschaftsbanken", in: Zeitschrift für das gesamte Kreditwesen, Heft 18, 1999, S. 974-989

Porembski, Marcus (2000), „Produktivität der Banken", Wiesbaden

Prahl, Reinhard (1991), „Die neuen Vorschriften des Handelsgesetzbuches für Kreditinstitute (Teil II)", in: Die Wirtschaftsprüfung, 44. Jahrgang, Heft 15, 1991, S. 438-445

Rohardt, Michael (1996), „Publizität von „zusätzlichen Angaben" im Jahresabschluß von Kreditinstituten vor dem Hintergrund einer Internationalisierung der Rechnungslegung", in: Die Wirtschaftsprüfung, 49. Jahrgang, Heft 6, 1996, S. 213-225

Rolfes, Bernd, Matthias Hassels (1994), „Das Barwertkonzept in der Banksteuerung", in: Bank-Archiv, Heft 5, 1994, S. 337-349

Rolfes, Bernd, Ulrich Koch (2000), „Gesamtbankbezogene Zinsrisikosteuerung: Dynamisierung des Barwertansatzes", in: Die Bank, Heft 8, 2000, S. 540-544.

Rudolph, Bernd (1991), „Das effektive Bankeigenkapital – Zur bankaufsichtsrechtlichen Beurteilung stiller Neubewertungsreserven", Frankfurt am Main, 1991

Saha, Asish; Ravisankar, T. S. (2000), „Rating of Indian commercial banks: A DEA approach", in: European Journal of Operational Research, Bd. 124, Nr. 1, S. 187-203

Schackmann-Fallis, Karl-Peter (2005), „Gewogen und für gut befunden", in: Sparkasse, Heft 1, S. 8-9

Schierenbeck, Henner (1997), „Ertragsorientiertes Bankmanagement – Band 1", 5. Auflage, Wiesbaden

Schlagheck, Markus (1998), „Handels- und steuerrechtliche Behandlung von Genußrechtskapital bei Kapitalgesellschaften", in: BBK, Nr. 2, S. 83-90, 2000, in: Fach 14, S. 4473-4480

Schulte-Mattler, Hermann; Traber, Uwe (1997), „Marktrisiko und Eigenkapital", 2. Auflage, Wiesbaden, 1997

Schütz, Axel (1987), „EG-(Bank-)Bilanzrichtlinie und Stille Reserven in Bankbilanzen", in: Krumnow, Jürgen; Metz, Matthias (Herausgeber), „Rechnungswesen im Dienste der Bankpolitik", C.E. Poeschel Verlag Stuttgart, 1987, S. 95-107

Seuster, Horst; Gerhard, Stephan (1990), „Strukturfragen der deutschen Genossenschaften Teil III", Veröffentlichungen der DG Bank Deutsche Genossenschaftsbank, Band 18, Fritz Knapp Verlag, Frankfurt am Main, 1990

Sprißler, Wolfgang (1999), „Segmentberichterstattung – welche Quellen hat der Erfolg des Bankkonzerns?", in: Zeitschrift für das gesamte Kreditwesen, Heft 8, 1999, S. 384-391

Süchting, Joachim (1995), „Finanzmanagement", Wiesbaden, 1995

Tochtermann, Axel (1980), „Der Haftsummenzuschlag der Kreditgenossenschaften als haftendes Eigenkapital im Sinne des KWG", Göttingen, 1980

Walker, David A. (1997), „A behavioral model of bank asset management", in: Journal of Economic Behavior & Organization, 32. Jahrgang, 1997, S. 413-431

Waschbusch, Gerd (2000), „Bankenaufsicht", München, 2000

Werner, Thomas (1995), „Bankenrechnungslegung – Vertrauen durch Rechenschaft", in: Die Bank, 35. Jahrgang, Heft 3, 1995, S. 170-176

Werner, Thomas; Padberg, Thomas (1998), „Rückzahlungspotentiale bei Sparkassen", Büren, 1998

Werner, Thomas; Padberg, Thomas (2002), „Bankbilanzanalyse", Stuttgart, 2002

Yue, P. (1992), „Bank Performance", in: Federal Bank of St. Louis Review, Bd. 74, S. 31-45